不會切蛋糕的犯罪少年診療實錄

KOJI MIYAGUCHI
宮口幸治

陳令嫻 譯

ドキュメント小説　ケーキの切れない非行少年たちのカルテ

導讀——會辜負我們的少年，才最需要我們幫助

對宮口教授有關司法少年著作的翻譯書籍，我已經寫過兩篇推薦文，就是「不會切蛋糕的少年」一與二，都是遠流出版，第一本譯名為《不會切蛋糕的犯罪少年》，而第二本翻譯成《我不是不努力，只是做不到你滿意》，兩本書談的都是臨界智商少年與犯罪的關係。

第一本《不會切蛋糕的犯罪少年》比較著重司法少年的人格特質，諸如學習障礙、情緒障礙、人際關係障礙等，作者認為智能不足導致這些障礙，進而促成犯罪的發生。於書中作者介紹了簡單就能提升智能的頭腦體操，雖然震撼，但不免讓人感到「有這麼簡單嗎」的疑問。

不久作者又出了第二本相關書籍《我不是不努力，只是做不到你滿意》，進一步描繪了這些智能不足的少年的人格特質，諸如無法規畫人生、近視短利、白目等等，並主張我們不能一貫強調自助人助，因為這些少年根本沒有辦法自助，只能靠其他人的協助才能順利活下去，而協助者必須理解這些司法少年一方面是加

害人同時也是被害人。

雖然有點粗率，但應該可以說宮口教授的第一本書著重我國《少年事件處理法》第一條目規定的「矯正性格」策略，而第二本書側重於「調整環境」層面。比起理論的論述，甚至實務的運作解說，宮口教授的這兩本書可以說是以通俗的語句講述了他對社會的期待，希望大眾能理解司法少年，並積極協助他們有尊嚴地活下去。

出版這兩本暢銷書後，宮口教授與出版社合作，企圖用漫畫的形式展現兩本書的精髓，而這套漫畫已經出版完畢。我非常能理解漫畫所能承載的能量，事實上很多我所主張的《少年事件處理法》理念就是從《家栽之人》這本漫畫得來的。但是，同時我也能理解宮口教授的憂慮。漫畫雖然能快速將理念傳達出去，但終究是用2D展現，無法充分將細膩之處描繪出來。尤甚者，於傳遞與詮釋的過程中，甚至會出現扭曲的情況。在這種考量下，宮口教授打算以小說的方式將「不會切蛋糕的少年」一與二的精華，用文字表達出來。成果就是這本《不會切蛋糕的犯罪少年診療實錄》，而原文是「ケーキの切れない非行少年たちのカルテ」，亦即不會切蛋糕的犯罪少年的病歷表。

於這本小說中，宮口教授用逆向建構的方式，將自己多年來的診療經驗整合成四個故事，分別描繪了四種性格、四種犯罪類型的少年全貌，並提及針對他們可以採取的對應或處遇方式。

其中第一個故事，也是最長的故事就是田町雪人殺人事件，可以說是「不會切蛋糕的少年」原型。不過，相較於其他三個故事，田町雪人卻是最悲慘的一個，最後幾乎看不到他的未來。相較於此，其他幾位或多或少都得到一些協助與支援。對於暴力犯的門倉恭子，我們可以期待她與年幼女兒的新生。對於放火的荒井路彥，我們幾乎可以看到他與父親一步一腳印地活下去。至於性侵兒童的出水亮一，雖然再犯、唯一的親人失蹤，但似乎也可以看到一絲曙光。

司法少年，特別是那些臨界智商的少年，天生就是不論內在或外在都有許多發展障礙，要克服這些障礙，不僅需要少年本人自覺，也需要在旁的成人協助。不過，這不是件簡單的事情。書中針對矯正處遇談最多的案例就是再犯的出水亮一事件。再犯意味著先前處遇的失敗，然而第一人稱的作者對負責矯正出水的教官布川說：「**像他這樣有發展障礙的孩子，原本就算有心想努力也不知該從何努力起，所以更需要協助。會辜負我們的少年其實才最需要我們的**

幫助。」這句話，或許正是作者寫這本書欲傳達的意念。

貫穿著整本書，在少年院服務的精神科醫師六麥，雖然有學業與家庭壓力，最終放棄轉職到大學保健管理中心當醫師的機會，繼續留在少年院服務。至此，讀者應該就會理解為何一開始談一些好像與本書意旨無關的「通勤地獄」，僅通勤而言，少年院就不是一個輕鬆的職場。此外，讀者應該也會理解為何作者諷刺同研究室的大限醫師，對其功利的態度不以為然。

面對處遇困難的司法少年，協助其成長的成人不僅需要專業知識與技能，更需要忍受失敗的勇氣與不屈不撓的精神。不論是《家栽之人》的桑田法官，還是「不會切蛋糕的少年」的六麥醫師，雖然只是2D或文字上的人物，只要想到實際上就是有這些人存在，就會獲得努力下去的活力。

國立臺灣大學法律學院兼任教授／李茂生

推薦文——每個孩子都值得好好長大

「我和奧運跳高金牌選手比跳高，誰會贏？」

這是我和兒少安置機構裡的少年一起看東京奧運時閃過的問題，也是我自出生在父母都受思覺失調症所困的家庭，到念了犯罪學研究所、去了鄉村小學任教，再到服務於兒少安置機構後，短短三十年人生路帶給我最深的體會和提醒。

「不一定。」答案對我、對你來說，永遠都是不一定。

親愛的金牌選手如果站在沙漠中的流沙起跳，而我們站在彈跳床上起跳，贏家只會是我們。我的體會是：我們生活在一個過分強調天賦與努力的社會文化，可環境對一個人能否成功的影響，其實更勝一籌。

本書聚焦的是天賦不盡人意、努力不被認可，近二十年的來時路又遭受虐待或忽視的臨界智商少年少女。放到整個社會來看這些生命非常罕見，但他們真實出現在書中少年院，也存在於全臺灣百餘間兒少安置機構與少年司法系統中。

因為種種結構性困境，會進到安置機構或司法系統的少年少女，往往從原生家庭到學校教育一次又一次地被漏接。層層漏接導致他們有更高比例屬於特殊需求兒少，常面臨情緒障礙、智能障礙、心理創傷、藥物濫用等生命課題，需要特殊資源與專業照顧。但很遺憾地說，同樣出於結構性困境，兒少安置機構與少年司法系統作為社會安全網的最後一道防線，也不可能接住所有早已遍體鱗傷的少年少女。

本書作者在《不會切蛋糕的犯罪少年》一書中，一方面介紹了臨界智商者的特徵與引導他們的方式，一方面透過「四次障礙」描述了從家庭、學校、少年院，再到社會，在一個生命的頭二十年中是如何發生漏接。「漏接」是我對事實的描述，但我不是在指責任何人，因為包含我自己在內，我們只是整個社會結構底下的人。我們有能力接住，只是我們的能力終究有限。

在本書中，作者透過小說形式帶我們更細膩地體會：所有被漏接的兒少之中，臨界智商孩童的需求大概是最難被辨識出來的。原因之一是，上了國中面臨更高強度的學業挑戰與挫折前，日常相處裡很難發現他們有什麼異狀，甚至和他們的互動裡，童言童語滿足了我們作為大人的童年情懷。

當我們隨著作者寫實的文字和少年院的臨界智商孩童在書裡相遇時，你或許會替他們的來時路倒吸一口氣，會為他們的犯行感到噁心、震驚、憤怒，也會看見引導他們的具體方式，更會在故事的好幾處鬱悶感襲身：怎麼付出一切努力後，總不是柳暗花明？

很真實啊，因為這些在少年院的加害者，個個都是人生路上的受害者。和他們相遇的數月到數年裡，面對的是他們近二十年顛簸的過往，而嚴峻的未來就在不遠處。

偏偏現實裡，沒有人有理解他們的義務。

沒有人有理解他們的義務。正因為我在意逆境兒少，我更得這麼說。

一件事不會因為我們在意就變得特別重要，別人就應該理解。與此同時，光是想到每個人都有活在不受犯罪被害風險的權利裡，我就好希望這本書被更多人看見。這本書帶我們看見少年院與兒少安置機構等地方，是在極有限的資源下試著接住這些來時路不容易的孩子。與其等到他們成年後造成更嚴重的社會成本，回過頭來支持這類單位與工作者，才是更有效益的做法。

如果你的現在或未來和我一樣，從事所謂的教育或助人工作，又深信所有人都值得一次好好長大的機會，但願我在這本書最後所感受到的微弱希望，蔓延到你所在的現場。
讓我感受到希望的，不是兒少們的未來，是身邊同行的夥伴。
願你一切都好♥

蛻變方成事創辦人／文國士（國國）

推薦文——痛苦需要看見，我們需要更好

寫實而哀傷，但又帶著人性與希望，這本書描繪的是最難解的青少年問題。沒有辦法將蛋糕平分成三等分的孩子，如果缺乏足夠的關愛與教育，在他人利用或生存壓力下，會為社會帶來什麼困擾呢？日本精神科醫師宮口幸治在書裡分享了他接觸的個案紀錄，帶我們了解這個心理學最難抵達的角落。

為什麼這麼說呢？因為「無條件同理心」，也就是不帶評價地關注和尊重當事人的經驗，不附加任何交換條件的同理心常被視為心理治療成功的重要條件。但你知道嗎？我在心理學課堂上問過許多次，有人願意把無條件同理心運用在暴力或性犯罪的加害人身上嗎？這些年來從沒有人舉手認為自己能夠分享這份愛。

沒錯，相較於同情受害者，我相信絕大多數讀者難以同理「加害者」的處境。但同理當事人的立場是心理治療的起點，更別說那些認知水準低於正常人的非行少年。這些孩子只能複述別人教導的語言，沒辦法自由轉換觀點來理解他人的立場。對很多人來說，輔導這類個案無疑為治療師的專業認同帶來巨大挑戰。

所以才說，這些被視為罪犯，同時有著認知功能障礙的孩子位於心理學最難抵達的角落。而這也是讀者在書中會看見的，在日本，甚少精神科醫師願意接手這類業務，少年院職員也缺乏熱情在此工作的原因。

這類臨界智能少年面臨的困難不僅是智能水準低下，更大的困難是他們的原生家庭。他們長期在家暴、同儕霸凌的威脅中長大。他們的父母並不是沒有意願，但總是缺乏足夠的能力和精神來陪伴他們。這幾乎是多數非行少年的縮影：失功能的家庭、接不住的學校環境、被歸責的社工與老師，最終演變成難解的社會問題。

為什麼要強調這是社會問題？因為這類有著認知功能障礙的非行少年，他們的困境並非輔導或心理治療技術可以完全處理。他們的父母若無法納入幫助的對象、學校老師與矯正機構不能得到足夠經費和專業支持、政府部門只想把問題完全歸咎於這些「加害人」而忽略了他們同時作為「受害人」的另一層事實，問題想要根治只是緣木求魚。

要是不能直接援助瀕臨失控的家庭（例如面臨失業風險、孩子缺乏照料的家庭），給予一線人員足夠的公權力阻絕部分父母對孩子特殊身分的利用（例如詐取補助、利用孩子博取名聲），各種資源錯置與疲於奔命的情況就會反覆發生。而這對本來就不容易的矯正工作更是雪上加霜。

幸運的是，臺灣中小學對特殊教育工作的推動已達世界一流的水準，第一線老師們協助降低這類問題的風險。但百密總有一疏，那些被遺漏的孩子依舊存在。

請來讀讀他們的故事，這些孩子就在我們身邊，他們跟我們的孩子一樣，都需要自尊，需要肯定。他們的痛苦需要被看見，我們需要做得更好。我們一起讓社會更好！

諮商心理師、愛智者書窩板主／鐘穎

目次 もくじ

前言

我在二〇一九年七月出版了《不會切蛋糕的犯罪少年》[1]。許多犯下殺人、暴力、縱火等重罪的少年其實有「認知功能障礙」，連「把蛋糕平分成三等分」這點小事也做不到。我根據自己接觸過四百名以上司法少年的經驗，藉由該書告訴大家——**不幸成為「加害者」的這群人其實也是在社會上面臨各類困難的「受害者」**。當初我以為讀者會是矯正與教育機關相關人士，沒想到竟然獲得社會大眾廣泛回響，身為作者真是既驚又喜。

但是隨著愈多人閱讀該書，卻出現愈多人誤會我的寫作意圖。社群媒體上有時也會看到部分人士評論書中內容有誤或有問題。該書內容是分享我對這群少年的看法與心得，評論多半也是針對這個部分。我不在意遭到眾人批評，但是我擔心大家把焦點放在我身上而忽略了書中少年是「真實人物」而非虛構的重大事

1 繁體中文版為遠流於二〇二〇年九月出版。

實。對我來說，與其討論我的看法和心得是否正確，我更希望大家了解「這群人是實際存在的」。

我開始思考或許改用說故事的方式來呈現這群少年的情況，更能讓大家正視事實。正當這股思緒愈來愈強烈之際，恰好新潮社提議出版《不會切蛋糕的犯罪少年》漫畫版。漫畫版是書籍出版約一年後在漫畫網站「水母@BUNCH」開始連載，連載到一個程度再結集成書，截至二〇二二年七月已經出版五集，目前尚未完結[2]。

漫畫以我在醫療少年院與女子少年院[3]接觸到的驚人經驗為題材，透過漫畫家鈴木正和的畫筆轉換為二度空間的故事。他的生花妙筆傳達這群少年的實際生活，栩栩如生，也促使我以新的觀點重新審視少年。但是漫畫的表現手法畢竟是「畫」，有時不免得割愛部分文章傳遞的訊息，因此我決定改用小說描述少年的情況，補充連漫畫都無法詳述的細節。

本書舞臺是虛構的少年院[4]「要鹿乃原少年院」。日本共有五十間少年院，分為男子少年院、女子少年院、醫療少年院，每年收容約一千六百人（二〇二一年版《犯罪白書》），相較於二〇〇〇年至二〇〇一年間每年約有六千名以上新進少年，近年來則逐漸減少。每年家事法庭審判的司法少年多達四萬四千名，實際進入少年院的卻僅三・七%，這群人正是所謂司法少年中的「佼佼者」。收容期間依事件與少年情況決定，通常是一年左右。

少年院根據少年的年齡、身心狀態、犯罪傾向等情況分為五種：

【第一種少年院】收容身心無顯著問題且年齡為十二歲以上、不滿二十三歲者。

【第二種少年院】收容身心無顯著問題卻有犯罪傾向，且年齡為十六歲以上、不滿二十三歲者。

【第三種少年院】收容身心有顯著問題且年齡為十二歲以上、不滿二十三歲者。

【第四種少年院】受到刑事處分的少年。

2 第六集於二〇二三年二月出版，全六集，已完結。

3 日本矯正機關術語稱呼犯罪少女為「女子少年」。

4 **少年院**：類似臺灣的少年輔育院，臺灣的少年輔育院現已改制為矯正學校。

【第五種少年院】保護管束期間違反規定事項的特定少年。

要鹿乃原少年院屬於第一種，收容的少年有智能障礙或疑似智能障礙，矯正時需要特別留心。

儘管現在司法少年逐漸減少，少年院每年收容的人數也隨之降低，但並不代表「這個社會變好了」，**因為真相是再犯率年年升高，罪犯逐漸兩極化**。這或許表示罪犯也分成有人關愛者與無人關愛者，而無人關愛的罪犯在社會上愈來愈難生存。

本書描述的正是這群**「無人關愛的罪犯」**。這些罪大惡極的少年原本是霸凌受害者或受虐兒，校方與家人卻不曾察覺他們其實有認知功能障礙。換句話說，本來應該受到保護的障礙兒先是淪為受害者，後來逐漸成為加害者，我在少年院見過許多此類案例。其實大家眼前有很多孩童也可能成為**「令人頭痛的孩子」**。

本書主角是精神科醫師六麥克彥，以匿名的方式介紹他的所見所聞。內容一共分為五章：第一章介紹的案例是少年離開少年院後犯下殺人罪；第二章是未成年少女在女子少年院未婚生子；第三章是少年縱火導致鄰居死亡；第四章是對女童強制猥褻；第五章則是第一章與第二章的案例後續。第一章至第四章介紹的是個別案例，每章結尾皆附上解說。為了避免鎖定特定人士，案例內容多少有些變動，不過並未誇飾捏造。

登場的少年都曾念過國小與國中，要是當時學校裡有人注意到他們有認知功能障礙並伸出援手，帶領他們擺脫嚴峻的生活，或許不會誤入歧途。我希望藉由本書讓更多人知道現在還有許多孩子需要學校教育協助。

宮口幸治

二〇二二年八月

第1章

CHAPTER 1 YUKITO

田町雪人

概要

精神科醫生六麥克彥五年前依照所屬大學醫院的研究室人事命令，前往醫療少年院從事醫官工作。某天上班時聽到電視新聞報導一起殺人事件，犯人叫田町雪人，他四年前曾為這名少年看診。

雪人有輕微的智能障礙，加上父親家暴、雙親離婚、父親入獄、母親疏忽照顧等因素，國中起進入兒童自立支援設施[5]生活，之後因暴力、順手牽羊、竊盜等罪行進入醫療少年院。離院後因求職不順，遭到學長諸岡利用，成為匯款詐騙共犯。他只是照諸岡指示擔任車手，完全不知道自己成為共犯。幾次領款失敗後，對方逼迫他交出現金賠償，他為此向朋友澤部步美借錢，但因錯估情勢，無法準時還錢，遭到步美辱罵，結果一時怒火中燒，撿起地上的石頭毆打對方。

1 第一班電車

站在四周黑漆漆的月臺上，看著七節長的電車在亮晃晃的燈光照耀下開進月臺。在冬天的乾燥空氣中，吐氣都化為白煙。明明是早晨五點十分的首班電車，車上已經坐了好幾名身穿厚重大衣的乘客。六麥習慣坐在第一節車廂，大概因為換車不方便，前面幾節車廂總是比較空。

（看來今天也有位置坐……）

他鬆了一口氣，走進電車。

六麥克彥是精神科醫師，前一份工作任職於綜合醫院，目前擔任少年院的矯正醫官。他一星期前往少年院兩天，每次去都得早上四點半起床趕搭首班電車。從神戶的家到位於山中的少年院單程就得花上三個多小時，搭上首班電車也不過是勉強趕上員工朝會。

5 **兒童自立支援設施**：收容行為不良或有其可能性的少年，以及出於家庭因素而需要輔導的兒童，旨在教育兒童，不同於以矯正為目的的少年院。

當初是大學附屬醫院的研究室派他去少年院，原本談好任期只有兩年，然而研究室一直找不到接替的人手，於是這種生活已經持續了五年。對於四十二歲的中年男子而言，每次通勤都得花上半天時間實在不輕鬆；但是對於精神科醫生而言，能夠面對司法少年的內心是很稀奇的經驗，因此他改變想法，利用通勤時間轉換心情。

六麥和大學時代認識的妻子麻美結婚，婚後育有一女杏奈。妻子是護理師，女兒目前就讀神戶的公立國中。他剛任職少年院時想過獨自在職場附近租房，但想到孩子成長需要父親陪伴，最後還是放棄這個念頭。每天面對著走上人生歧路的十多歲少年，他更是想親眼目睹女兒的成長經過。

從自家到少年院必須跨越三個縣市，途中還得轉搭特急電車，通勤過程根本是一趟小旅行。如果想早上四點半起床，前一天晚上最晚得十一點就寢。夜貓子的六麥為了早早入睡，去少年院的前一晚會刻意吃安眠藥。

安眠藥藥效似乎尚未完全退去，到達離目的地最近車站時還有些睡眼惺忪。六麥站穩腳步，走出剪票口，帶著稍微沉重的心情走在露天碎石地上，忍耐著刺耳的腳步聲邁向在車站附近租的車位，同時在心裡為自己打氣：「今天也努力抵達這裡了！」

一輛老舊的白色輕型卡車停在停車場右後方的車位。他打開車門，整個人癱在駕駛座上。身高一七五公分卻只有六十二公斤的偏瘦體型，加上大學時代在登山社鍛鍊的結果，使得他的身形顯得比實際年齡輕。輕型卡車的懸吊系統使用板狀彈簧，冰冷的坐墊在坐下時下沉又反彈，每回上車總得經歷這麼一輪。他關上薄薄的車門，轉動鑰匙發動車子，引擎發出幾聲悶哼聲後終於發動。其實車子每年總會發生幾回電池沒電的意外，順利發動讓他鬆了一口氣。

這輛中古輕型卡車是少年院同事透過認識的車行幫他找來的，要價僅七萬圓[6]。剛開始通勤的時候，他是騎自行車往來從車站到少年院的這段路。然而無論他踩得再怎麼飛快，也得花上三十分鐘；在冬天下雨的日子，穿著雨衣騎自行車更是辛苦。

「下雨天騎自行車來上班真的會累死！」

六麥和同事聊天時誇大了這段路程，沒想到對方古道熱腸，認真幫他找起車

6 本書所有金錢單位皆為日圓。

子。他對車子毫無興趣，只要能遮風避雨和開得動就好。這輛不過七萬圓的輕型卡車老舊髒汙，里程早就超過十萬公里，要是能選當然是新車更好，但是既然當初誇口說「只要夠便宜、開得動，什麼車都比自行車好」，現在也只能繼續忍耐這輛二手車。

從停車場出發鑽過小巷五分鐘就會到達主要幹道，路上擠滿其他通勤車輛。每輛車子爭先恐後地行駛，但仍有不少駕駛願意讓路給六麥的輕型卡車。他心想可能是這輛車看起來明顯是公務車，而不是轎車，只有這種時候他會很感謝這輛破舊老車。

上了主要幹道再直走十分鐘就會開上一座大橋。左手邊是連綿的山峰，右手邊是日本數一數二的清流，緩緩流向大海。過橋後立刻右轉，沿著河畔堤防前進。春秋兩季的晴天，河岸間的藍色河面閃閃發光，美麗的河景想必能引起觀光客一陣感嘆。

繼續前進一會，左手邊出現巨大圍欄包圍的寬廣操場，操場後方的白色三層樓高建築物便是六麥的職場——要鹿乃原少年院。少年院多為平房，這裡是法務省[7]買下某間民間醫院改造而成，鋼筋混凝土建築因為屋齡高，外牆可見數次修補的痕跡。

要鹿乃原少年院收容的少年幾乎囊括所有罪行，包括竊盜、傷害、強制猥褻、濫用藥物、詐騙、縱火、殺人等等；與其他少年院的最大差異在於這裡的孩子有智能障礙或發展障礙，或是兩者兼具。六麥所接觸的既是犯下多種罪行的加害者，卻也是本來應該備受呵護的障礙兒。

他把車子停在總館一樓的停車場，位於角落的吸菸區已經冒出白菸。他和其他開車來的教官四目相對，以對方勉強聽得到的音量短短道聲早安，雙方面無表情打完招呼後走向正門玄關。這些職員的正式名稱是「法務教官」，隸屬法務省矯正局[8]，屬於國家公務員，任職於少年院與少年鑑別所[9]，負責矯正司法少年。應考限制只有年齡條件，不是學士也能報考，也因此不少人是轉換跑道來當法務教官的。

總館位於停車場上方，換句話說二樓才是正門玄關。從停車場到正門玄關必

7 **法務省**：類似臺灣的法務部。

8 **矯正局**：日本法務省的部門之一，為各級矯正機構之最高監督機關，對各矯正機構之警衛、作業、教誨教育、收容者處遇負有監督指導之責，相當於臺灣的矯正署。

9 **少年鑑別所**：類似臺灣的少年觀護所。

須走過十五階的樓梯，可能是走向正面玄關時總會心情一陣沉重，莫名適合大家懶洋洋的緩慢腳步。背著大背包的教官今天應該是值夜班吧！

走進正門玄關，穿過漫長的走廊。走廊打掃得一塵不染，天花板卻露出生鏽的褐色鋼筋。走廊盡頭是厚重的鐵門，凹凸不平的外表可能是因為塗上好幾層白色油漆，更是凸顯建築物老舊。這是隔絕外界與少年院的第一道門。六麥把手指放在指紋辨識器上，按下開門密碼「四三」。

一聲電子音響起，門扇伴隨喀嚓聲彈開。拉開門扇走進去，總有一股熱氣撲面而來，因為門後右側是一間大廚房，廚師在此烹調約八十人份的餐點。他穿過熱氣，走向位於二樓的個人辦公室。

六麥是具備醫師證照的醫官，因此有個人辦公室，也就是醫官室。少年院裡有個人辦公室的只有院長、次長、醫官。各少年院的醫官室大小不同，這裡是十坪左右，有辦公桌、開會用的桌子、沙發、書架、冰箱、空氣清淨機、電視，算是待遇很好。

他脫下大衣，掛進鐵衣櫃裡，把背包放在桌上，迅速在毛衣上套上白袍，快步走向會議室參加員工朝會。

2 少年院的早晨

走進會議室時幾乎所有職員都到齊了，身穿制服的法務教官約三十人，並排坐在排成口字型的會議桌邊，小聲閒聊。法務教官的制服是深藍色西裝外套搭配淡藍色襯衫與斜條紋的深藍色領帶，成員多半是二十至四十多歲的壯碩男性，僅少數是女性。

「昨天來的那個少年其實……」

「啊，某某教官，有件事情想拜託你。」

首先傳入耳中的是業務相關聯絡，漸漸愈來愈吵雜，最後開始夾雜笑聲，今天也一如往常。

六麥坐在他的固定位置——正面右側前方數來第三個，時不時閉上眼睛，忍受尚未退去的安眠藥藥效。

到了八點半，響起與學校相同的鐘聲，院長等幹部一行人用力打開會議室大門走了進來，所有職員一同靜下來，起立行禮。

「早安！」

低沉拉長的聲音傳遍整間會議室。

會議室正面的會議桌中央是院長，兩旁是次長與三名首席專門官；兩側縱向排列的會議桌主位則依序是總務課課長與教育主管等幹部。這些幹部和一般職員不同，是成為法務教官後通過高等科考試等選拔的有志之士。少年院院長通常是五十五歲以上，次長五十歲出頭，首席專門官四十五歲以上，總務課課長與教育主管則是四十歲出頭。有些人年紀輕輕便出人頭地，也有些人年紀一大把還是升不了官。職位愈高，人事愈受評鑑者的喜好所左右，而非實力。

幹部的一大目標是成為少年院院長，院長上頭還有各矯正管區的特別職位——管區長。受到大家仰慕的新幹部異動時，總會出現「這個人之後一定會當上管區長」的謠言。幹部每兩年異動一次，地點遍及全日本。矯正局的方針是要大家體驗各機構的職位，然而這些幹部比起在新職場完成豐功偉業，更傾向不要惹事生非，平安度過兩年任期。此外，由於幹部必須經常異動且工作繁忙，年輕職員大多不想升官。

朝會內容包括前天夜班報告少年的行為、當天預定行程、聯絡事項等。司儀固定由總務課課長**河里**擔任。四十出頭的河里去年四月從其他少年院來到這裡，即將滿一年。他戴著俐落的細框眼鏡，口氣溫和客氣，彷彿一般公司的業務。以前每次異動時他都會帶著妻子與年幼的女兒搬家，自從女兒上小學，在名古屋買了公寓後，便改成獨自一人住在少年院院內的員工宿舍。

總務課負責矯正少年以外的所有雜務，包括經營管理內部設施、購買食物、調整參觀行程、計算員工薪資津貼與出差費用，以及對應媒體。總務課職員原本也是想矯正少年的熱血青年，卻因各種理由被分配至總務課。總務課負責人目前是河里。

通知完必要的報告與聯絡事項之後，河里開口詢問眾人：「其他還有什麼要補充的嗎？」

會議室裡一陣寂靜，接著他問次長：「那麼次長有什麼要補充的嗎？」

次長是少年院第二把交椅，下次異動順利的話可能當上院長。或許是為了確保下次必定能升官，這些幹部在職場上總是採取保身的態度，包括前幾任次長，看在其他職員眼裡總是小心翼翼，謹慎以對。

「我沒有要補充的。」

問完次長，輪到院長。院長當然是少年院第一把交椅，多半再幾年就要退休。由於矯正局有退休後再僱用制度，會安排這些退休過一次的人稍微降低職位，前往其他少年院繼續工作。院長要是敢擺架子，退休後再僱用時可能會遭到過去下屬報復。根據其他職員所述，現任院長**北田**過去因為想當管區長而屢屢對主管拍馬屁，導致下屬對他十分不滿，不少人都討厭他，在背地裡叫他「那個傢伙」。品性差勁的院長就算裝出笑臉也會被大家看穿。

河里詢問院長：「有什麼要補充的嗎？」

「沒有，今天大家也一起努力吧！」

院長說完後，由河里宣布會議結束。會議一定是以院長的話做結尾，其他人不可擅自補充。六麥曾因為不知道這項規矩而想在北田之後發言，結果遭到對方一聲大吼：「晚點再說！」兩人關係因而有點緊張，他也喜歡不了北田。不過想到對方總有一天會離開，他便告訴自己不要把這件事放在心上。

「起立，敬禮！」

河里一聲令下，所有人起立向北田鞠躬，結束朝會。所有教官吵吵鬧鬧地走向各自的崗位。

3 醫務室

六麥走向醫務室，而非個人辦公室。醫務室才是為少年看診的地方，男護理師綠川博伸已經在裡頭等待他。六麥一開始任職一般精神科醫院與綜合醫院，來到少年院已經五年，即將邁向醫師生涯的第十個年頭。

三十出頭的綠川成為護理師後在一般醫院工作三年，來到少年院又過了七年。他皮膚白皙，個子嬌小，表情溫和，性格溫柔，戴著一副眼鏡，說話口氣非常客氣，相較於一大群嚴格的教官，算是少數溫柔對待少年的人，聆聽六麥抱怨時也從不露出厭煩的表情。他來到要鹿乃原少年院的直接理由是不必像一般醫院需要經常值夜班，更重要的是他渴望提供少年醫療協助。

朝會結束後，六麥一如往常開口問綠川：「今天要看幾個人呢？」

「今天要看十個人。」

「十個人！這麼多！」

門診主要是少年向教官提出要求，由教官登記門診預約簿；部分則是教官判斷應該接受檢查。通常一個時段的人數為三到五人，畢竟健康的十多歲青年不會經常上醫院，所以十人實在多到不正常。

六麥瀏覽線裝的門診預約簿後，回到個人辦公室拿檢查用的工具。精神科的檢查不僅是口頭面談，還經常請患者畫畫或寫字。他喜歡使用臨摹魚圖案的「複雜圖形測驗」（Rey-Osterrieth Complex Figure Test）來評估少年的狀況。這項測驗是由瑞士人在一九四〇年發明，原本是用來檢查成人的腦部功能，近年來也常用於確認兒童的視知覺功能與執行功能（executivefunction）[10]。六麥曾遇過某位兇惡的少年接受測驗時畫出大相逕庭的結果，此後便要求所有少年院的孩子都必須接受這項測驗。

六麥走到架子前，從檔案夾中挑出接下來前來門診的十名少年檔案。這些檔案夾不同於病歷，是他自己專用的記錄檔案。檔案顏色根據少年的罪行做區分，紅色是暴力、傷害，藍色是竊盜與其他，黃色是性侵相關案件。

（最近黃色檔案夾變多了……）

最多的是代表竊盜的藍色檔案夾，最近則是黃色，也就是性侵相關案件逐漸增加。今天的十個檔案夾也有四個是黃色。

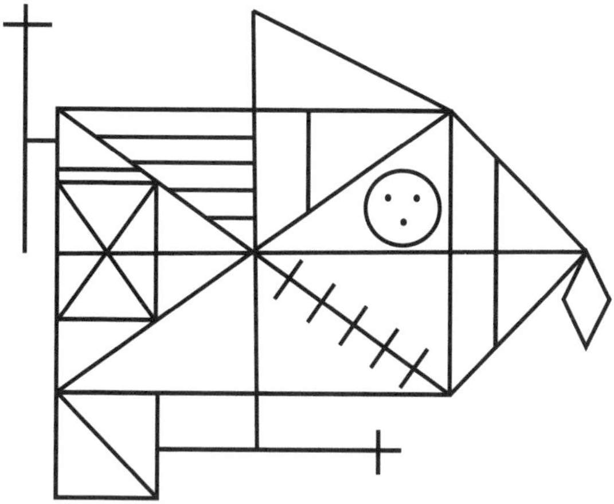

複雜圖形測驗

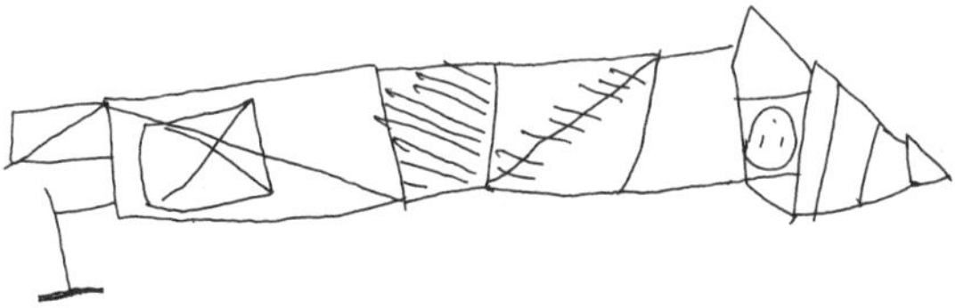

少年畫的圖（作者重現）

10 **執行功能（executivefunction）**：專業術語，意指制訂計畫的能力。

他將檔案夾放進看診用的籃子裡時，從房間南側的百葉窗傳來教官的說話聲與少年的跑步聲。

「一、二、三、四！」

「五、六、七、八！」

新來的少年們在體育館裡晨跑。先是領頭的年輕教官呼喊口號的宏亮聲音，接著是少年們強而有力的腳步聲，最後是隊伍尾巴的凌亂腳步聲，用聽的就知道是剛來沒多久的新人，光是跟上隊伍就已經精疲力竭。

一般新人是在體育館接受團體行動訓練。完成兩個月的新人訓練後，還是國中年紀的少年去上課以完成義務教育，課程由退休的國中老師定期授課。已經國中畢業的少年則接受職業訓練，部分少年院提供電腦與焊接課程，這裡收容的多半是智能障礙者或發展障礙者，因此安排陶藝、木雕、洗滌、農藝等課程。

教官發出下個指令：「晨跑結束，接下來是伏地挺身！」

這位教官才二十出頭，少年當中有人已經十九歲，雙方年齡相去不遠。剛從大學畢業的教官在其他資深教官面前不過是抬不起頭的菜鳥，眼前的少年卻會乖乖聽從他的所有命令，但這並不是因為教官本人有什麼過人之處，而是少年院這個不可動搖的體制促使少年不得不聽話。自以為是的年輕教官有時看在資深教官眼裡實在可憐又可笑。

教官的么喝聲不曾停歇，少年們默默做起伏地挺身。少年院裡禁止閒談，一片寂靜中只傳來少年的喘氣聲。旁邊站了其他年輕教官，擺出兇惡的表情凝視這群少年。

完成準備工作後，六麥走向醫務室。這裡的醫務室類似學校的保健室，備有一些檢查設備，除了檢查臺還有心電圖測量儀、自動視力測量儀、牙科醫療器材、X光機、調配藥劑的機器等等，應有盡有。

來看診的少年早已和陪同教官一同來到醫務室隔壁的等候室，默默坐在長椅上。六麥呼喊第一位病人進來。

「請進，你是栗本對吧！今天怎麼了呢？」

栗本皺著眉頭回答：「我頭一直很痛。」

栗本今年十七歲，國中畢業後在老家的工地工作，因為犯下嚴重的傷害事件，半年前來到這裡。工地工作經驗使他培養出一身好體格，加上個子高、皮膚光亮又五官端正，出了社會一定比這裡所有教官都受女性歡迎。雖然犯下傷害事件，卻也是為了保護朋友才出手，充滿男子氣概。諷刺的是陪同教官恰巧矮矮胖胖，怎麼看都很缺桃花，就連六麥自己十七歲時也是個宅男，根本比不上栗本。

六麥一邊胡思亂想一邊問診。

「頭的哪裡痛？」

「全部都痛。」

「從什麼時候開始的呢？」

「來到這裡之後一直都很痛。」

相較於成熟的外表，描述病狀的模樣卻像個小孩子。六麥翻閱病歷回想起對方之前也反應過一樣的問題，不過他擺出第一次聽到的樣子。

「這樣啊……一直頭痛，那有食慾嗎？晚上睡得著嗎？」

「我有食慾。晚上會醒來好幾次。」

六麥拿出白袍口袋裡的細長手電筒，靠近栗本亮晶晶的雙眸。

「先看前面。」

他拿起手電筒，緩緩從左臉移動到左眼，照向眼瞳中心，瞳孔立刻縮小，照射右眼時也出現相同反應。

「接下來視線請跟著這枝鉛筆移動，不要轉動脖子。」

六麥放下手電筒，改拿鉛筆，在對方面前緩緩地左右與上下移動，最後靠近雙眼之間。栗本的眼睛平順地朝左右、上下移動，最後是完美的鬥雞眼。

「沒有任何異常。」

像栗本這樣的年輕人要是出現異常才稀奇，不過這一連串檢查對於曾在神經內科工作過的六麥已是習慣，也是一種儀式，看在少年眼裡也代表醫生認真診斷自己。

「那我們再觀察看看，要是還會頭痛再跟我說。」

「謝謝醫生。」

栗本笑咪咪地回到等候室。其實他沒什麼病。

綠川開口詢問六麥：「結果頭痛是怎麼一回事呢？」

「少年院的孩子多半看過醫生後安心了，症狀自然就會好了。我也告訴他要是不舒服可以隨時來，這樣應該就沒問題了。」

「所以有些人是裝病嗎？」

「與其說是裝病，不如說是國高中生年紀的孩子離開父母，來到陌生環境和陌生人一起生活當然會很不安，因為心理因素引發頭痛或肚子痛一點也不奇怪。我認為他們的身體症狀是暗示內心不安的訊號。」

「訊號嗎？原來如此。」

「對，我覺得自傷也是一種訊號，跟感冒發燒是一樣的道理。發燒本身不是壞事，而是身體發出生病的訊號，有問題的是感冒病毒。自傷當然不是什麼值得誇獎的行為，但是可以把它視為一種求救訊號。有些學校老師會嚴格管教自傷的學生，我是覺得不需要把自傷當作壞事。這裡有些教官也會認為少年頭痛或肚子痛是裝病，要是他們特意裝病，我認為這也是一種疾病，畢竟……」

這時綠川瞥了一眼時鐘，短針指向十點，卻還有九名少年正在等待。今天的目標是在午餐前看完所有病人。

「謝謝六麥醫生的指教，不過再不看下一個的話……」

「啊，的確沒什麼時間了。好，下一位！」

六麥挺直身子，等待下一位少年走進醫務室。在外人看來，這裡的看診情況可能很像兒戲，但是無論他們在社會上多麼窮兇極惡，畢竟還是十多歲的孩子，看似裝病的症狀也是一種暗示心聲的訊號，需要醫生仔細診斷，即使只是暫時受到重視，這種經驗累積多了也能溫暖他們的心靈。偶爾也會出現想藉由肚子痛或頭痛逃避院內作業的少年，不過六麥認為這種時候稍微睜一隻眼閉一隻眼也是無可奈何。

這當中要特別留意的是罹患憂鬱症的孩子，下一位病人**山本**便是憂鬱症患者。

「上次開的藥吃了之後覺得怎麼樣呢？」

「稍微好一點。」

「稍微好一點嗎？那我們再觀察一陣子。如果滿分是十分，今天想死的程度大概是幾分呢？」

治療憂鬱症患者最重要的莫過於防止自殺。一般人或許不會詢問病人是否想死，但想得知對方心聲，唯一辦法就是直接開口問。病人也很難評估自己究竟是否想死，所以六麥採用打分數的方式請這些有自殺念頭的少年回答。

山本的回答是「大概六分」。

「之前是八分，看來比之前少一點了，那繼續服用上次開的藥吧！如果覺得不舒服要馬上跟我說喔！」

山本輕輕點頭，離開醫務室。

其他少年依序走進醫務室，短針超過十二點出頭時終於看完所有病患。

4 六麥的家庭

六麥回到位於神戶的住家已經超過晚上九點。儘管傍晚六點就離開少年院，回程還是花了三小時以上。住處是一間八年前買的二手公寓，離最近車站只需步行八分鐘，交通便利，採光又好，晴天時望向九樓窗外還看得見大海的白色波濤，他非常喜歡這棟公寓。

按下對講機，門後傳來一陣聲響，最後聽到轉動門鎖的聲音。

「你回來啦！今天辛苦了。」

「我回來了，今天也好遠。」

妻子麻美面露笑容迎接六麥回家。

「杏奈呢？」

六麥一到家就先問起女兒。

「她還在補習班。」

這間公寓是三房兩廳，每個人都有自己的房間，每個房間都有一張單人床。大多數夫妻是同床共枕，六麥家則是買下這間公寓時決定分房睡，更能維持彼此感情。

六麥先換了衣服再去飯廳找妻子享受遲來的晚餐。麻美一邊用微波爐熱飯一邊問他：「今天還好嗎？」

「老樣子。」

「大家還是不會切蛋糕？」

「不是只有這樣而已。」

麻美是護理師，以前也曾任職精神科醫院，大致了解丈夫的工作。目前她白天在住家附近的診所打工，一週工作三天。他們倆是在京都念大學時認識，護理科系大學朋友介紹兩人認識時，他們才二十歲。兩人都喜歡戶外活動，有騎機車與爬山等共同興趣。麻美臉蛋長，露出額頭看起來很成熟，其實笑點很低，六麥隨便講個笑話都能逗得她哈哈大笑。雖然競爭者眾，六麥靠著不屈不撓的精神終於抱得美人歸。二十七歲結婚時，麻美肚子裡已經有了杏奈。她不拘小節卻堅定的個性幫了六麥很大的忙。

「要喝啤酒嗎？」

「當然。」

麻美拿了兩個杯子放在年輪原木餐桌，把兩瓶三百五十毫升的啤酒交給六麥，這張令他們自豪的餐桌正是出於小酌的嗜好所挑選的。在這個家，倒啤酒是六麥的工作。他拿起啤酒杯，將杯子傾斜，讓啤酒沿著玻璃面緩緩流到七分滿，最後立起杯子繼續倒，冒出的泡泡剛剛好。

兩人舉杯，輕碰杯緣：「乾杯！」

六麥的身體渴望水分，卻還是小口小口慢慢喝，最近一口氣乾完總是會嗆到。

「那除了不會切蛋糕之外……」

「咦？」

「剛剛還沒說完，今天你診斷的少年……」

「哦？妳是說那件事。」

就在此時，對講機響了。

「啊！杏奈回來了。」

麻美立刻起身跑向玄關，此時已是晚上九點半。

「杏奈，妳回來啦！晚餐要吃一點嗎？」

「嗯，一點點就好。爸爸呢？」

杏奈一到家先是確認六麥回來了沒。

「爸爸已經到家了，正在吃晚餐。」

杏奈走進飯廳，見到父親便大呼小叫起來：「爸，我跟你說，今天補習班的廁所出現色狼！聽說是同年級的男同學躲進女廁，從上面用手機偷拍。」

杏奈從以前開始一有事情就是先找父親，而不是母親。她是排球隊隊員，肌膚黝黑，看起來很像男孩子，其實個性纖細，在意小事。上了國中二年級還是爸爸長爸爸短，可能是因為上托兒所的這六年都是由六麥負責接送吧。

「真可怕，妳該不會也被偷拍了吧？」

六麥在少年院見過不少犯下性暴力犯罪的國中生，早已習慣這類案件，但自己女兒遇到又是另一回事。其實他家這一帶也有不少少年移送要鹿乃原少年院。

「補習班老師檢查過那個男生的手機，不過沒有找到照片的樣子。」

麻美鬆了一口氣後又突然冒出一句話：「太好了，要是上傳到社群媒體就糟了。這年頭連補習班也不能放心呢！」

「應該不只補習班，學校也發生過很多事件，只是沒跟家長報告而已。」

六麥回應的同時，腦中浮現少年院那群少年的臉龐。杏奈回房間換好衣服後，注意力已經不在偷拍的話題上，麻美也趁機換個話題：「妳這次期末考成績怎麼樣？」

「嗯，國文不是很好……」

「拿得到四11嗎？」

「可能只有三吧？」

「只有三是考不上神立高中的！」

麻美的口氣變得強硬起來。神立高中是該學區第一名的升學高中，以一科滿分五分來估算，必須取得九科合計三十八分以上的成績才考得上。麻美期望女兒未來像丈夫一樣去念醫學院，但是才國二的杏奈不懂母親的期盼，覺得比起去念醫學院，大自己兩歲的學長考上神立高中卻休學去挑戰演藝圈才帥氣。

「妳很囉嗦耶！老是叫我去考神立，那裡又沒帥哥！」

「妳怎麼可以用有沒有帥哥來決定要不要去念呢！孩子爸，你也勸勸她啊！」
看到母親發起脾氣來，杏奈也不甘示弱：「有沒有帥哥當然很重要！找到好對象，人生才會順利啊！」
沒想到杏奈說出這麼成熟的話，也確實一針見血。六麥默默點頭，沒有否定。

5 電視新聞

要鹿乃原少年院一到十二點十五分便會敲鐘，提醒大家午休時間到了。六麥一早就在車站裡的便利商店買好午餐，準備在醫官室享用。剛開始妻子會為他做便當，不過去少年院的日子得早上五點就出家門，他決定還是自己來。當地便當店會提供少年院員工便當，但不是白飯太多就是配菜太鹹，實在難以下嚥，還是

11 日本成績單滿分為五分。

在便利商店挑選喜歡的餐點帶回個人辦公室，一邊看電視一邊享用比較輕鬆愉快。他固定買飯糰、三明治、蔬菜汁當午餐。

那天一打開電視，一則新聞傳入耳中：

「今天早晨在〇〇市××公園，住在附近的男子晨跑時發現一具年輕女子屍體，向警方報案。警方表示女子疑似遭人以重物攻擊後腦勺後再勒斃。方才警方逮捕嫌犯**田町雪人**，今年二十歲。今天上午十一點左右，他在母親陪同下前往〇〇警察局自首，遭到警方緊急逮捕，聲稱殺人原因是金錢糾紛。」

電視播放著從上空拍攝現場公園的影片，看見搜查人員默默執行工作的身影。六麥恍惚地盯著螢幕，當字幕打出嫌犯名字時，他嚇得停止咀嚼口中的飯糰。

「這個名字我有印象……」

「田町雪人」這個名字很稀奇，年齡和記憶中的那名少年也相仿。看到電視臺轉為播放其他新聞，六麥趕緊跑向保管過去病歷的醫務室書架。

「綠川，四年前的病歷是放在這一帶沒錯吧？」

面對有點喘不過氣來的六麥，綠川沒有多問理由：「從這裡到那裡，我按照發音順序重新排過了。」

六麥拿起「田」字開頭的厚重檔案夾翻閱，馬上找到田町雪人的名字，對照事件地點和病歷上的地址，確定是同一人。

「果然是那個田町雪人。他好像殺人了。」

「田町嗎？他之前待過這裡對吧？」

每年都有一定人數的少年離院沒多久又再度犯罪，回到少年院，部分回鍋理由是殺人。但六麥還是第一次遇到自己診斷過的少年成為殺人兇手。他茫然地盯著貼在病歷上的雪人照片，回憶起對方當年稚氣未脫的模樣。

6 田町雪人來到少年院

事情要回溯到四年前。某個秋日傍晚，外頭秋意漸濃，涼意漸深。少年鑑別所把一名十六歲少年——田町雪人送來要鹿乃原少年院。雪人搭乘的小型廂型車抵達少年院前，數名教官收到抵達時間的通知便前往玄關待命。車子抵達後，等待的教官大力打開後方滑門，戴著手銬的雪人在同行教官催促下走下車來。

一頭斑駁的銀髮，曬成小麥色的肌膚襯得眼睛與牙齒更加白皙，氣喘吁吁的模樣像是剛釣上岸的鯽魚。固定在腰上的繩子看似狗項圈，一頭連著手銬，另一頭牢牢綁在移送他的教官腰上。胖墩墩的他個子小，和教官並排時看得出來矮了一個頭，一群大人包圍一名矮胖少年實在有些大題小作，他散漫的態度也和現場緊張的氣氛毫不相搭，雙方唯一共通點是呼吸時吐出白色氣息。

兩名教官一人一邊架住雪人，一同走上玄關的階梯。他和數名教官一同穿過漫長的走廊，走進房間。新人首先要在這個房間裡辦完所有手續。

走進房間後，教官緊緊關上房門。房外另有一名教官背對房間站崗，房裡則是一名面無表情的教官坐在桌子對面等待雪人。

「首先確認你的名字，請報上姓名。」

「我叫田町雪人。」

「你從今天開始進入少年院，首先跟我們一起確認你帶來的東西。」

教官冷靜仔細地檢查雪人帶來的物品。移送少年院的少年在此檢查從少年鑑別所帶來的換洗衣物與家長送來的補給品，不能帶進少年院宿舍的物品由院方保管到離開的那一天。雪人的行李不多，比較顯眼的是老舊的大紅色運動厚外套、數本以暴走族為主要讀者的機車雜誌。

教官將每項物品編列清冊，檢查結束後依照流程說：「你看過沒問題的話，就在這裡蓋指印。」

雪人看也不看就聽從指示，在文件蓋上指印。

「接下來是身體檢查，脫掉身上所有衣物。」

雪人毫不猶豫地從上衣開始脫，相較於曬成小麥色的臉龐，脖子以下肌膚白淨淨，從頸部到腹部的線條如同平緩的山坡，弧線最後在私處劃下句點。脫下褲子後露出瘦巴巴的兩條大腿，令人擔心膝蓋撐不住他的肚子。脫到只剩一條內褲時，他不禁停了下來。

「全部脫掉。」

教官指示雪人繼續動作，他乖乖服從指令，也沒伸手遮掩。檢查完畢後教官吩咐：「可以把衣服穿回去了，手續到這邊告一段落，接下來聽從舍監指示。」

雪人慌忙穿上衣服，帶領他前來的教官放慢說話速度，溫柔指示：「接下來要去宿舍，行李等一下拿過去給你。」

雪人跟隨教官前往宿舍，裡頭住了許多少年，觸目所及都是厚重生鏽的鐵門。打開鐵門，後方是生活空間。走廊上是鐵窗包圍的六人房，朝同個方向排列，透過鐵窗可見理成光頭的少年坐在書桌前寫日記或看書。

「我們要走到最裡面的房間，你來走我前面。」

教官要求少年走在前面是避免他逃跑或從後方襲擊。雪人的頭髮還很長，一看就知道是新人。聽到教官的催促聲，好幾名少年眼睛骨碌碌地轉，想瞧瞧雪人的模樣，但視線又馬上轉回書桌，裝出若無其事的表情。這是新人來時必定會出現的光景。

「這裡是你的房間，習慣宿舍生活之前都是住在這裡。」

新人剛來的前兩個星期是住單人房，以防還不清楚團體生活的規矩就進入六人房生活，會和其他人起衝突。專責教官會在這兩週一對一細心指導新人關於宿舍與生活的規矩，好讓他習慣之後的六人房生活。

單人房的窗戶是鐵窗，入口是厚重的鐵門，房裡有書桌、床、洗手臺、廁所。

「這是宿舍生活的說明手冊，要仔細詳讀。」

教官遞給雪人的手冊都標示了讀音，因為許多少年其實看不懂國字，雪人也是其中一人。

「全部都用平假名標上讀音了，我也看得懂。」

雪人似乎稍微鬆了一口氣，臉部終於不再緊繃。

7 少年檔案

隔天教官來房間找他：「今天要去看醫生，出來。」

「看醫生嗎？好的。」

不知道為什麼要看醫生的他嚇了一跳，但是聽到教官催促還是趕緊闔上說明手冊起身。

六麥此時已經完成檢查的事前準備，等待教官帶領雪人來診間。

「昨天那個新人，你有他的檔案嗎？」

六麥望向綠川，想在看診之前瀏覽一遍新人的檔案。超過三公分厚的檔案裡詳盡記載了少年的家庭背景、生活經歷、犯罪履歷、智力測驗結果、心理測驗結果等等。

「有，在這裡。」

「謝謝你，你做事真細心。」

六麥讀起雪人的檔案。這個檔案主要是由少年鑑別所與家事法庭製作而成。

少年生長於單親家庭，有一個哥哥也進過少年院，目前認真工作，建立自己的家庭。少年五歲時父母離婚，原因似乎是父親家暴。之後父親使用興奮劑遭到逮捕入獄，由母親獨自撫養兩個兒子，經濟狀況窘困，只能維持基本生活。少年從六歲開始順手牽羊，上了小學還是惡習不改。母親精神狀況不穩定，必須定期看精神科與服藥，還曾屢次夜間出門，獨留兩個孩子在家。少年小五時因母親疑似疏忽照顧，和哥哥住進臨時庇護中心。他從國中開始經常逃學，也改不了順手牽羊的惡習，因此住進兒童自立支援設施直到國中畢業。在兒童自立支援設施仍經常擅自外出，生活放肆荒唐。

六麥對著綠川低聲呢喃：「生長在這麼艱困的家庭環境，淪為犯罪少年也是不得已的。」這是六麥的口頭禪。他認為兒童不會某天就突然變成犯罪少年，而是受到從小到大的環境影響。他又繼續瀏覽雪人的檔案：

離開兒童自立支援設施後找到工地的工作，卻因為晚上經常遊蕩翹班、在職場施暴、無照駕駛、順手牽羊、竊盜、吃霸王餐等行為進入少年鑑別所。疑似有輕微智能障礙，因此移送醫療少年院。

「原來如此，他也是典型的犯罪少年。兒童自立支援設施最多只能收容他到國中畢業。」

綠川此時插了一句話：「果然光靠兒童自立支援設施還是不夠嗎？」

兒童自立支援設施收容的是需要生活輔導的不良少年，他們雖然不至於送來少年院，但是來到少年院的孩子有很多都住過兒童自立支援設施。

「他才剛國中畢業，當然很想玩。要高中年紀的孩子每天乖乖上班才比較難吧！要是交到壞朋友，自然會隨波逐流。」

少年院很少上高中的孩子，多為國中畢業就進入工地工作，無法長期從事同一份工作似乎是理所當然。六麥瀏覽智力測驗結果，這是閱讀少年檔案中最重要的環節。

「智力只有六十八啊！」

「所以是輕度智能障礙嘍？」

綠川是護理師，不過對於智力測驗代表的意義也愈來愈熟悉。

「基本上算是輕度智能障礙，不過現在還是疑似的階段。」

「為什麼是疑似呢？智力測驗的分數不是已經出來了嗎？」

「首先是他考試時可能沒認真作答，而且家庭環境惡劣又不念書的孩子，智力測驗的結果總是偏低。」

綠川默默點頭。

「測驗總會有誤差，例如剛好當天狀況不佳。智力測驗也有信賴區間，大概是九〇％，所以他的智力測驗結果有九成的機率是介於六十二到七十四之間。」

「所以換一天測驗的話，他可能是六十二或七十四嗎？」

「對，智力測驗的誤差就是這麼大。很多孩子過起規律的生活、養成讀書的習慣後，智力測驗分數都會上升，所以我才會說是疑似輕度智能障礙。」

綠川聽了露出些許訝異的表情：「所以如果這次測驗結果是七十四就不算輕度智能障礙了？」

「所以有沒有智能障礙不能光憑智力測驗的結果來決定，應該以整體生活是否有困難來評估。智力測驗只是智能水準的概略評估結果而已。」

過去六麥見過許多送來少年院的孩子由於智力測驗恰巧低分飛過智能障礙的界線，少年鑑別所判定其沒有智能障礙，因而慘遭少年院教官嚴格對待。他們難以適應團體生活，但是少年鑑別所認定沒有智力問題，教官也堅信智力測驗的結果，他們的適應不良被誤認為偷懶、散漫，遭到嚴厲管教。

8 雪人的第一次診斷結果

雪人在教官陪同下進入醫務室，昨天的斑駁銀髮已經消失殆盡。所有來到少年院的孩子都必須理成光頭。許多少年頂著一頭金髮或長髮、眼神兇惡，剛來到少年院時看起來窮兇極惡；隔天剃成光頭後每個人都變得稚氣純樸。六麥很享受這種落差，看著這些孩子稚嫩的臉龐，總感覺身為援助者還有努力的餘地。

「你好，我是精神科醫生六麥，接下來我們要做精神科的檢查。所有來到少年院的人都要接受這個檢查，不是因為你有問題才要檢查，不用擔心。」

六麥在檢查前總是如此說明。依照陪同教官指示坐在診療椅上的雪人聽完說明，表情終於放鬆下來。光頭的他矮矮胖胖，像是一尊不倒翁。教官則坐在醫務室外的椅子等待，以便隨時應對少年突然出現暴力舉動，但是時間一長，不免坐在椅子上睡覺。

「你先告訴我叫什麼名字跟幾歲？」

「我叫田町雪人，今年十六歲。」

「你是從哪裡來的呢？」

「我是從鑑別所來的。」

「不是，我是問你原本住在哪裡？」

鑑別所指的是少年鑑別所，很多少年都會這麼回答。通常六麥問這個問題是希望他們回答被逮捕之前來自哪裡，回答符合期待的少年卻很少見，從這個問題就能大致掌握受檢對象的智力。繼續詢問對方是怎麼來時，偶爾會出現詳盡敘述從出家門到少年院路徑的少年，他們通常有自閉症類群障礙，六麥看到病名便恍然大悟為何對方會如此回答。

「啊！我住在大阪。」

「大阪啊。你剛來這裡，有什麼感想嗎？」

「鑑別所的人說這裡跟軍營一樣，我本來以為會很可怕咧！」

看來有些少年鑑別所職員會恐嚇他們這裡很可怕，所以大家一開始都很緊張；等到發現不是那些職員口中的一回事便放下戒心，從雪人些微輕浮的用字遣詞可以感受到這一點。六麥知道他接下來會在新人訓練上受到嚴格教育，下次見面時就會變得恭敬有禮，所以毫不介意，繼續提問：「現在有什麼事情會讓你覺得不安嗎？」

「沒有。」

「那麼會煩躁嗎？」

「我一直都覺得很煩躁，只是不會表現出來。煩躁跟生氣的時候我會笑。」

「為什麼會笑呢？」

「我也不知道為什麼。」

「你想過要自殺嗎？」

「我沒有想過要自殺。」

回應多半是重複問句，從這種鸚鵡學舌的回應可以得知溝通能力大概是小學中年級程度。六麥針對這樣的少年會繼續提問，以測試知識程度與思考能力。

「你知道現在的首相是誰嗎？」

「我不知道，首相是什麼？」

「首相是國家的代表，就像美國的總統。」

「啊！我知道了，是歐巴馬。」

「那是美國總統，日本首相是誰呢？」

「我不知道，我也沒聽過。」

很多少年不但答不出來首相的名字，有些甚至和雪人一樣連首相的意思都不知道。六麥開始變換問題：「下一題是算術，一百減七是多少呢？」

「嗯……」

雪人陷入沉默，六麥以為他聽不懂問題，打算再問一次時，仔細觀察表情卻發現他好像在數數，看來他知道一百減七是從一百倒數。

「嗯，九三！」雪人露出有些得意的表情。

六麥明知對他很困難，還是繼續出題：「那麼九三減七呢？」

結果雪人動也不動，六麥於是換了一個問題：「沒關係，我們換下一題。這裡有五顆蘋果，要怎麼平分給三個人呢？」

雪人露出憑空想像著蘋果，一顆一顆數蘋果的模樣：「呃……五除以三是……嗯……」

六麥這下子明白雪人在心算五除以三是多少。其實這個問題不是普通的算術題，而是每個人領完一顆蘋果後，思考剩下的兩顆該如何分配。雪人誤以為是要考他算術，因此卡關答不出來。無法靈機應變、思考僵化也是來到醫療少年院的孩子常見特徵。

「沒關係，這題太難了，我們換下一題。」六麥面帶微笑，以免傷害到對方。

下一題是切蛋糕的問題：「這裡有一個圓形蛋糕，要怎麼平分給三個人呢？」

六麥在Ａ４紙張上畫了一個圓，遞給雪人一枝鉛筆。他毫不遲疑地畫下一條直線後停下動作。

「咦？三個人嗎？咦……」

他以為自己這次終於可以答出來，卻還是無法作答，這也在六麥的預想之中。

「我們再試一次。」

六麥在原本的圓形下方再畫一個圓。

「要讓三個人都吃到同樣分量的蛋糕喔！」

六麥加上這句是希望讓雪人更明白，但是他依舊畫了一條直線後不知所措。

「我們再試一次！」

六麥再畫了一個圓，雪人還是重複同樣動作。他感到雪人與其說是不懂，更害怕失敗。他很想知道結果，嘗試鼓勵對方：「錯了也沒關係，先切切看！」

雪人遲疑了好幾次，最後從圓心處朝圓弧畫了一條橫線，看得出來他很擔心會不會又被說什麼。六麥感覺到雪人的不安，於是不再提問。其實他還想嘗試五等分，不過再問下去就太傷人了。

「好的，今天就到這裡告一段落。」

雪人稍微鬆了一口氣。

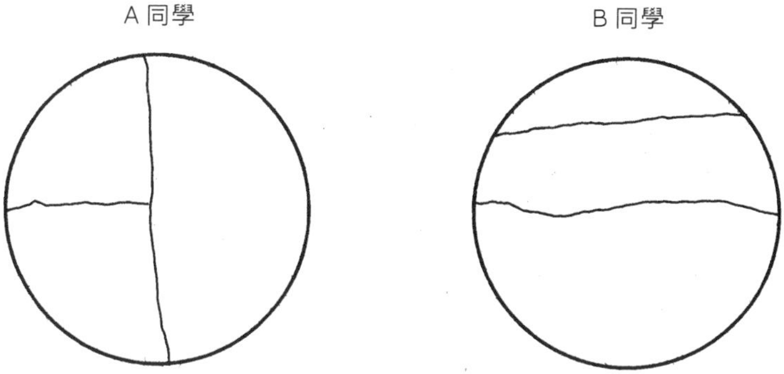

少年嘗試將蛋糕均分成三等分
（雪人畫的是左邊的圖）

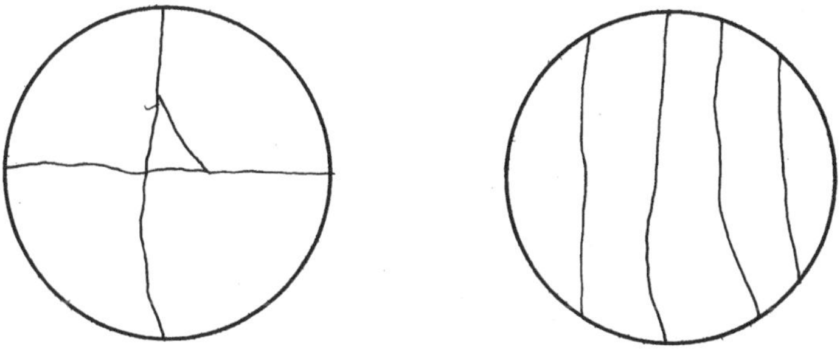

五等分則變成如上的示意圖

六麥發現像雪人這樣不會均分蛋糕的少年其實比想像的多之後，由原本的大吃一驚逐漸轉為恍然大悟。他認為這就是這群少年犯罪的原因之一。

這世上有很多孩童不會把蛋糕切成像賓士標誌的三等分，在特教學校尤其常見。問題不在於不會切蛋糕，而是不會切蛋糕的少年犯下強盜、殺人、連續強姦、縱火等震驚世人的重大案件。一般提到罪大惡極的罪犯，總會覺得兇手應該聰明狡猾。但這些少年有認知功能障礙，連蛋糕也不知該如何均分；無法推測未來的狀況，因而短視近利，犯下罪行或捲入犯罪事件。換句話說，這群少年是弱勢族群。而且不僅是少年院，監獄裡應該也有很多這樣的族群。

每次看診都再次證實六麥的看法，這實在是非常可怕的事實。這些重大案件的兇手其實連如此簡單的問題都答不出來，可以想像他們過去反覆受挫卻無人察覺，遭到社會大眾嚴重誤會……

日本曾經有個縣市發生智能障礙者的冤案：當事人因為愛上偵訊的刑警，明明不曾殺人卻在警方誘導下自白，服完十年以上有期徒刑後，大家才發現他其實有智能障礙。為什麼之前都沒人發現呢？他在學校時究竟過著什麼樣的生活呢？六麥眼前的少年也是所謂「無人知曉有問題的孩子」。

六麥想了解雪人對自己的看法，又提出其他問題。

「你覺得自己的優點是什麼呢？」

「基本上我很愛笑。」

說話習慣加上「基本上」不是雪人的口頭禪，而是這裡的少年特徵。另一個特徵是提到優點時很少說個性，多半強調外在。

「那麼你的缺點呢？」

「會順手牽羊。」

既然知道順手牽羊是壞事，六麥進展到下個問題：「你將來想做什麼呢？」

「我將來想當幼稚園老師，因為有人找我當幼稚園老師。」

「誰找你的呢？」

「幼稚園的**田中**老師。」

「田中老師有什麼門路能介紹你當幼稚園老師嗎？」

「不是，我國一的時候去上體驗課，說自己將來想當幼稚園老師，田中老師說很期待我將來當上幼稚園老師。」

部分智能障礙者由於非常渴望獲得他人肯定，無法分辨社交辭令與真心話。

六麥接著問起「三個願望」：「如果你有機會實現三個願望，你會許什麼願呢？」

「嗯，我希望全家人都能幸福，還有一輩子不愁吃穿。」

「最後一個願望呢？」

「世界上不再有戰爭。」

大家或許會很意外，其實許多少年會祈求世界和平。他們明明是傷害他人的加害者，但因為發展功能尚未成熟，無法整合自我形象，沒有發現自己的言行矛盾。他們很少在許願時提到受害者，部分少年甚至以為這些願望真的能實現。

「接下來我們進入正題，為什麼你會順手牽羊呢？」

六麥不會打從一開始就進入正題，因為這些問題都像是在責備他們，讓他們心生警戒，不會老實回答。

「我正想改就被逮捕了，警察不肯給我機會。」

「想改什麼呢？機會又是什麼意思呢？」

「我明明跟警察說我以前雖然順手牽羊過，可是因為大家都勸我不要做，所以我就沒做了。」

「原來如此，所以你明明已經不會偷東西了，可是警察還是因為你以前順手牽羊而逮捕你。」

「對啊！我明明就說我沒在偷了，可是警察不理我。」

「警察當然不會理你，因為你每次都這樣說，但是每次都沒改。你不會因為只順手牽羊一次就被送到這裡，而是法官一併考量未來可能的情況才送你來的。」

雪人似乎不太能接受，垂著頭動也不動。雖然問不出順手牽羊的真正理由，六麥一點也不心急，因為他們會在這裡待上一年左右，過陣子就能學會如何自行表達，而不是鸚鵡學舌。他又提出了一個新的問題：「你在這裡最想改變自己的什麼地方呢？」

「大家都不幫我，所以我要自己努力。」

六麥思考雪人隱含在這句話背後的真義，不過沒有再多問。他把這句話放在心裡，當作是雪人過往屢受挫折的影響。

「接下來是最後一個問題，你覺得自己五年後在做什麼呢？」

「改過自新去結婚，和家人過著一般人的生活！」

最後一句話莫名鏗鏘有力，得意洋洋，充滿自信。檢查完畢後，隨著教官走出醫務室的雪人看起來多了一絲堅強。

9 少年院的生活

兩週後，雪人從單人房搬到六人房。六人房裡每個人都有自己的書桌、架子、床鋪，後方則有共用的洗手臺和廁所。他依教官指示走向六人房區，停在某個房間前。

「從今天開始，這裡就是你的房間，大家要多多照顧他。」

同房的少年抬起頭來瞄了雪人一眼，視線又回到自己的書桌繼續寫日記、算算術、練國字，做各自的功課。他們不是真的專心在寫功課，而是左顧右盼會被教官痛罵：「不要東張西望，看前面！」雪人找到自己的書桌後，靜靜地把行李放在架子裡。

少年院的生活十分規律。以要鹿乃原少年院為例，每天早上六點四十五分播放起床音樂，同時教官開始點名，有三十分鐘的梳洗準備時間。早餐從七點二十分開始，餐點由專業職員烹調，再由擔任分發工作的少年分發餐點。吃完早餐到早上九點全體朝會之間是自由時間，大多數人會看書、寫日記、做功課。全體朝會在體育館舉行，八十名左右的少年依照隸屬宿舍排成隊伍，院長與其他幹部、教官也一同出席，先是進行晨間講話、說明當天預定行程，接著依照上午各自要上的課分組，移動到不同教室。

課程依年齡而異。結束兩個月的新人訓練後，還是國中生的少年去上課完成義務教育，國中畢業的少年則接受職業訓練。雪人已經國中畢業，所以屬於職業訓練組，分配到陶藝班。

「給你們用這麼好的土，你們真好命。」

這是陶藝班教官的口頭禪。少年無法理解上陶藝課的意義，教官希望藉由這句話提振他們的士氣。一般認為專心捏陶有助於引發暴力或傷害事件的少年控制情緒，但無須考量這點，陶藝班的少年總是不知不覺迷上捏陶，雪人在精神科面談時也常提到：「我一開始覺得要捏陶真是莫名其妙，實際做了之後發現很有趣。」院方會挑選做得特別好的杯盤花瓶，在向民眾公開的矯正展上以一個三百圓左右的價格販售。

下午課程每週不同，除了針對各別罪行與促進社會化的課程之外，還有泡澡日。外界或許會覺得很奇怪，為什麼泡澡要花上半天時間？因為將近八十名的少年輪流使用一個中等大小的浴室，每次五到六人，一次泡十分鐘就得耗去兩、三小時。泡澡日的下午，打赤膊的少年們一手拿著洗臉盆，從樓梯排到走廊，六麥經過時總會憋氣，以免被熱呼呼的汗臭嗆到。

對於曾對同性犯下性暴力犯罪的少年而言，泡澡日帶來的不僅是泡澡的樂趣，部分教官也認為泡澡根本是獎勵。實際上六麥在和這些少年面談時問起泡澡情況，他們總是面紅耳赤，囁囁嚅嚅。

上完課到就寢為止的時間表大致如下：

十六點　回到宿舍
十七點　晚餐時間
十八點至十八點四十五分　寫日記
十八點四十五分至十九點四十五分　上防範罪行的課程（課程依罪行而異，自行填寫講義）
二十點至二十點四十五分　看電視
二十一點　就寢

電視只能看到四十五分，代表每次連續劇要進入尾聲時就會被關掉，許多少年對此表示不滿，院方則完全無視。

除了日常課程，每年還會舉辦運動會、盂蘭盆舞大會、寫生大會、慶祝成立週年的活動等等。六麥和綠川會盡量撥空參加這些活動，觀察少年在醫務室以外的表情，參觀了幾場，有時會察覺他們在參加活動時才會展現真正的模樣。雪人也平安度過團體生活，沒有引發什麼嚴重問題。

10 雪人的第二次檢查

少年院收容了約八十名少年，除了憂鬱症患者等需要頻繁回診的少年，其他人多半是每隔三個月到六麥的醫務室報到。儘管有時在院內會遇到，不過六麥在醫務室再次為雪人做檢查已經是三個月之後的事了。

這次，雪人也是在教官陪同下走進醫務室，肚子稍微扁了一點，也長了個子。新進少年依身材大致分為胖子和瘦子，過上一陣子規律生活和正常攝取三餐，原本瘦巴巴的少年逐漸恢復正常體重；過去暴飲暴食又運動不足而滿身脂肪的少年也因為適度運動和戒掉零食，健康地瘦了下來。雪人正是屬於後者，慢慢瘦回標準體重。

「你覺得自己來這裡之後有什麼地方成長了嗎？」

雪人的表情不像初次見面時那麼緊繃，用字遣詞也變得客氣有禮。

「我想要努力重新振作。」

「為什麼會這樣想呢？」

「來到這裡我開始思考自己跟其他人的關係，比如要上房間裡的廁所必須大家互相禮讓。以前我只想到自己，不會體諒別人，給大家添了很多麻煩。」

「只有這個理由嗎？」

「另外媽媽每個月都會來看我，希望我早點回家。就算我進了少年院，她還是願意等我回家，想到這裡就覺得不能辜負她的心意。」

「是媽媽這麼對你說的嗎？」

「啊，媽媽因為要定期看精神科，所以希望我早點回去照顧她。」

雪人雖然露出苦笑，不過看起來十分高興。

如同雪人所言，母親良子雖然沒有到每個月一定會來的程度，不過確實會來探望他。但是良子以前疑似對孩子嚴重疏忽照顧，這種母親千里迢迢探望兒子真的只是因為思念孩子嗎？六麥不禁懷疑了起來。

雪人不會話中有話。不僅是他，少年們的共通點是一開始幾乎不會提到受害者，另一個是強烈期盼家人獲得幸福。即使小時候遭受虐待，至少六麥遇到的少年都不會記恨父母，反而覺得自己進了少年院是給家人添麻煩，一直覺得很對不起父母，這種情緒過於強烈，沒有心力再思考受害者的事。縱使他們有智能障礙、做了壞事不知反省，但對他們而言，最重要的還是家人。

11 離開少年院

十個月轉眼間過去了，雪人個子抽高了十公分，圓滾滾的肚子也變成腹肌。

他在少年院裡成為模範生，拿到勤勞獎，運動會時還代表其他人進行選手宣誓，加上職員的評鑑結果，原本預定十一個月的收容期間縮短為十個月。

離開少年院的下午是雪人的出院典禮。他一人站在體育館舞臺中間的講臺上，教官和其他少年坐在他對面，觀眾席中還有母親良子。良子穿著一身深藍色套裝，化了妝卻遮掩不住黯淡的氣色，看起來死氣沉沉；長年的疲憊呈現在臉頰與額頭的皺紋上；手背上青筋浮現，斑點明顯，外表比六麥想像的更加蒼老。雪人向大家宣誓：「我一直以來都只顧自己，不管他人，給大家添了很多麻煩，還害母親傷心難過，我以後不會再讓任何人傷心難過了。」

許多少年怕忘詞所以拿稿上去唸。雪人賭上模範生的面子把稿子背起來，一路流暢地說完，沒有任何停頓，說完露出得意的表情。良子雖然強忍淚水，但看在六麥眼裡卻有些不對勁。不知道前因後果的人應該會單純期待雪人不要再給母親添麻煩了。

良子向大家多次鞠躬後，與雪人一同搭乘計程車離開。

六麥對雪人的記憶在此告一段落，下次回想起他的時候，已經是三年後的電視新聞了。

12 復歸社會

雪人再次與良子一起生活，距離上次一起住已經是一年前的事。自從哥哥結婚離家，家裡只剩良子，她會定期前往精神科回診。儘管租來的公寓並不寬敞，卻也足夠兩人生活，也有雪人個人的房間。

雪人透過良子親戚的介紹在當地建設公司工作，社長叫沖川，很能體諒司法少年，實際上也僱用了好幾名更生少年。雪人去公司面試時，表情柔和但眼神銳利的沖川對他說：**「只要你有心努力，我一定會盡力幫你。」**

沖川時時關懷雪人，良子也屢次提醒他**「努力就會有回報」**，說到他耳朵都要長繭了，這些話和少年院教官的教誨相同：「絕不能半途而廢。」

但良子激勵雪人不單單只是希望兒子振作，而是期盼他去工作，好讓自己的生活輕鬆一點。雪人進入少年院前不曾為了什麼事情努力，然而在少年院成為模範生還得獎的自信推動他下定決心一定要努力。此外，無論良子意圖為何，難得獲得母親稱讚，也讓他格外想回報對方的期盼。

但是少年院的勤勞獎出了社會畢竟派不上用場。公司主要業務是組裝鷹架，雪人總是手腳笨拙，光是依照指示行動就已經精疲力竭。雖然職場前輩遵循社長指示對他的笨手笨腳睜一隻眼閉一隻眼，還是有些人會在背後說閒話：「老闆幹麼僱用那種傢伙？」

13 夢想成為美髮師

澤部步美那年二十歲。她的個性沉默寡言，凡是交辦的工作都能孜孜矻矻地完成。稱不上聰明伶俐，不過長相不差，笑起來又有討喜的酒窩，單純和她聊天不會察覺她有智能障礙。她從小成績不佳，勉強念完家鄉的私立高中。畢業後找不到正職工作，所以繼續住家裡，在麵包店打工維生。母親千壽子已經離婚，家裡只剩母女倆。數年前千壽子的父母過世，她又是獨生女，女兒是唯一的家人，兩人能繼續住在一起是再好不過了。

有一次步美問千壽子：「要是我死了，媽媽會怎麼樣呢？」

「要是妳死了，媽媽也活不下去了。」

雖然千壽子是笑著開玩笑，但要是步美真的比自己早離開人世，代表她這輩子也完了。然而即使是最心愛的女兒，也不能把她留在身邊一輩子，考慮到女兒的未來，還是得學一項專長才行。以前建議過她去念美容師的職業學校，她也表示有興趣。千壽子想藉由鼓勵女兒自行賺錢存學費來促使她早日自立，所以特意不主動資助，觀察她是否會積極行動。兩人之間經常出現以下對話：

「我好想辭掉麵包店的打工喔！」

「為什麼？」

「那裡薪水又少，一直站著又好累。」

「妳連這點事都受不了是沒辦法在社會上生存的，再討厭的事也得忍耐！」

被母親這麼一說，步美無法反駁，只能沉默以對。想辭職是她的口頭禪，抱怨了快兩年還是在同一家麵包店打工，存了大約八十萬圓。麵包店老闆能諒解障礙人士，對步美非常溫柔，不過也或許是因為她的酒窩很可愛。

步美不擅長社交，幾乎沒有朋友，社群媒體是她和外界接觸的重要工具，到了午休時間一定會收到ＬＩＮＥ訊息：

「今晚有空嗎？」

「怎麼了？有啊！」

步美透過交友Ａｐｐ認識一位同齡男性，兩人經常互傳訊息。第一次見面時沒有事前交換照片就約在車站碰面，當下緊張得說不太出話來。兩人都是父母離婚後和母親同住，境遇相似，認識久了有時會一起吃飯，聯繫都是靠ＬＩＮＥ。

「要不要去吃飯？」

「好啊！」

雪人看到步美答應邀約，開心了起來。其實雪人問步美是否有空時，正確日文應該是「HIMA」，他卻打成「IMA」，這是少年院少年們的常見錯誤。他們從小就聽不出ＨＩ和Ｉ的差異，身邊也沒有大人糾正。雪人還會把冰箱的日文「REIZOUKO」寫成「SEIZOUKO」，這也是聽不出發音差異的例子。基本上他們的文章都是簡單的漢字混雜平假名，卻又夾雜得很奇怪，助詞用法也錯誤百出，但當事人彼此都看得懂。

步美和雪人喜歡去商場裡的簡餐店吃飯。儘管面對面而坐，卻不會交談，各自滑手機直到餐點上桌。餐點上桌時相視一笑後開始用餐，用餐時又繼續滑手機，偶爾交談時也不曾停下來。雪人並不喜歡這樣的相處方式，卻也想不出講什麼話才能討步美開心，對方又習慣低頭。

「要走了嗎？」

「嗯。」

聽到雪人的聲音，步美馬上起身跟在他後面。有些情侶會在LINE上談天說地，實際見面卻沉默不語，雪人和步美正是這種情況。兩人在一起其實稱不上多開心，但是能和異性約會讓雪人很高興，對於沒有朋友的步美而言大概也是相同心情。

14 諸岡的邀約

雪人的確有心認真工作，外人卻察覺不到他的決心，因為他無法依照吩咐好好做事，給人的印象就是工作態度差。問題出在雪人很難記住主管的指令，儘管當下聽得懂，實際操作時又忘得一乾二淨。這是智能障礙者常見特徵，他們不擅長編口訣來幫助記憶，所以雪人常被主任警告。

「我剛剛不是跟你說過了嗎！這樣很危險，你要用心聽警報器的聲音，聽到了才能動作！」

「呃，喔……」

「你要我說幾次才懂！到底有沒有心要做啊！」

「對不起。」

「你這樣一輩子都無法獨立作業！」

主任依照社長交代特別關照雪人，耐心還是被他的笨手笨腳逐漸耗盡。主任過去也是司法少年，多虧社長提拔才有今天，所以他更是期盼雪人能改過向善，自立自強，如此煩躁可能也是很氣自己無法將他培育成好人才。但是雪人無法推測對方的心意，開始陷入被害妄想，認定主任一定很討厭他。

（再這樣我撐不下去，到時候不知道媽媽又要怎麼說我……）

天天挨罵的他壓力與日俱增，腳步自然而然朝柏青哥店前進。他知道的娛樂不多，但至少柏青哥輸了還是能轉換心情。那天晚上他難得百戰百勝，也不想再理會工作上麻煩的一切。

「這不是雪人嗎？好久不見！」

一名高大壯碩的金髮男子從旁邊走來，向雪人打招呼。一抬頭發現是住在附近的學長**諸岡達司**。諸岡是不良少年，雪人之所以進入少年院也是諸岡把多項罪行賴在他身上，例如竊盜事件明明是諸岡應該遭到逮捕，最後都是雪人吞了下來，因為諸岡從以前就體型壯碩，經常逞兇鬥狠，雪人很害怕遭到報復，根本不敢向警方說實話。

今晚遇到這位學長，雪人覺得又會惹上什麼麻煩事。

「啊，諸岡學長……」

「我聽說你從少年院出來了，在裡面吃了很多苦頭吧？現在在幹麼？」

他其實不想回答，但想到要是撒謊被識破會更麻煩，只好從實招來。

「我現在是鷹架工人……」

「原來你安安分分在工作啊！跟我去喝一杯！今天我賺了錢，就請你吧！」

「可是我明天很早就要去上班……」

「裝什麼認真啊！不用管工作了，喝一杯就好。」

雪人至今一直過著隨波逐流的生活，還沒培養出拒絕諸岡的能力。當身體大上他兩倍的諸岡把手環上肩膀時，他除了點頭別無他法。

居酒屋距離柏青哥店走路兩、三分鐘。諸岡喝了酒更是囉嗦，雪人只能乖乖當聽眾，轉眼便超過晚上十一點。

「差不多該走了。」

諸岡說完後請店員結帳，看來他說靠柏青哥賺了一筆不是騙人。連雪人的份一併付清之後，兩人起身離開。

正當雪人心想「終於可以回家」時，鬆了一口氣的表情惹得諸岡不高興。

「你那個臉是什麼意思？好像很討厭跟我喝酒一樣。」

「我、我沒有！」

「是嗎？我覺得還沒喝夠。」

「對、對啊！諸岡學長從以前酒量就很好！」

諸岡一臉驚訝瞪視著瞬間變膽怯的雪人，手臂再次環上他的肩膀，硬逼他一起去附近的卡拉ＯＫ店。雪人不討厭唱歌，但前提是和合得來的朋友一起，結果來到卡拉ＯＫ店還是只能乖乖當諸岡的聽眾，等待對方放自己一馬。

此時雪人心中湧起些許變化：在職場老是挨罵，失去自信的自己現在居然當得了諸岡的酒伴，這種情緒和過往偷竊時受到諸岡讚美，獲得自信的記憶重疊。

諸岡唱著唱著便到了深夜一點。

「原來已經一點了，差不多該回家了。我們再各唱一首就走吧！喂，你好歹也唱首歌吧！」

雪人直到這時才發現自己一首歌也還沒唱。然而諸岡說歸說，還是不肯讓出麥克風，又繼續唱了兩小時。

「啊！已經三點了，累死我了，回家吧！喂！你這傢伙睡著了喔？」

雪人癱在沙發上打盹，被諸岡踹醒，嚇得整個人站起來。他不太記得之後的事，後來才回想起來母親一早六點叫他起床時，他回答「今天沒工作，所以放假」，而清醒過來時已經是早上十點。

他心想「慘了！我大遲到」的瞬間，腦中突然浮現主任那張臉。

「我受夠了……」

嘟囔完又鑽回被窩去。

15 開除

雪人隔天上班時向主任道歉：「昨天實在很抱歉。」

主任沒有生氣，但雪人擅自翹班導致人手不足是事實。社長大概交代過要睜一隻眼閉一隻眼，但是看到雪人不免想起過去的自己，或許是過度期望他加把勁，愈想愈覺得丟臉。

「已經過去的事再說也沒意思。我以前也是不良少年，但多虧沖川社長給我機會，我至少很努力工作，希望有一天能回報他。你學不會工作又翹班，到底在想什麼？這麼討厭這份工作就辭了吧！對啊，你就辭了吧！」

主任故意粗魯訓斥，希望藉此機會促使雪人重新振作，可惜激將法完全是反效果。一次又一次的挨罵不過是讓雪人累積更多被害妄想，今天聽了不僅沒有興起振作之心，反而怒火中燒。

「你在幹什麼！」

直到同事大喝一聲，雪人才回過神來，發現主任蹲在他的腳邊。原來他反射性朝主任揮了一拳，正中對方左臉頰。

雪人上午下班回家後就躲進房間裡，母親招呼他也不吭一聲。看到兒子這副模樣，良子一整天怔忡不安。當天晚上，西裝筆挺的沖川繃著一張臉親自造訪雪人家，良子當下便知道自己靜不下心的原因。

沖川在良子面前對雪人說：「雪人，你說過會在我們公司努力看看，所以我決定幫你，但是動粗實在太不應該了。主任也反省自己當下說過頭，所以不會報警，但是之後你們會很難相處，其他同事也覺得你有點可怕。可以請你休息一陣子嗎？沒能幫上忙，很抱歉。」

看來沖川在主任挨揍後安撫過他。面對社長精疲力竭的表情與虛弱無力的聲音，雪人和良子都無法提出任何反駁。看著兒子一副垂頭喪氣的模樣，良子難過了起來。

沖川離開後，雪人鼓起勇氣安慰母親：「我會再去找工作的。」

良子先是沉默了一會，然後輕輕嘆了一口氣，低聲自言自語：「**果然還是沒辦法嗎？**」

這句話讓雪人更加焦躁了。

16 步美的決心

步美和千壽子吃完晚餐後面對面坐在角落堆滿餐具的餐桌旁。

「步美，我想妳也差不多該想想職業學校的事了，妳覺得那裡怎麼樣？」

千壽子興高采烈地從信封裡拿出事前就準備好的職業學校介紹手冊，手冊封面上是一對打扮時髦的年輕男女在校園漫步的快樂模樣。步美覺得這些人距離自己很遙遠，是不同世界的人。千壽子繼續說下去：「這間學校離家很近，妳不覺得很適合嗎？」

「真的嗎？嗯～那我應該可以去吧？」

一想到不用離開家裡也能去上學，步美頓時覺得封面上的男女似乎離自己並不遙遠。但是一看到學費欄，她的臉色便黯淡下來，對方又和自己是不同世界的人了。

「兩百五十萬！好貴！」

步美一直以來努力存錢都是為了上職業學校，但卻從來沒認真查過實際的學費金額。

「這是兩年份的學費，不管哪所學校大概都是這個金額。」

千壽子絲毫不受女兒影響，繼續說明下去。其實她能這麼冷靜是有理由的。

「人家沒辦法啦！我存了兩年也才存到八十萬而已。」

千壽子握住步美的手，看著她的眼睛，一字一句慢慢說，深怕她漏聽，似乎等待說出這句話的日子來臨已經很久了。

「步美，妳這兩年很努力，剩下的就讓媽媽資助妳。」

「咦？我們家有那麼多錢嗎？」

步美忍不住驚訝，反握住母親的手。千壽子從上方重新握住女兒的手，溫柔地點頭：「其實外婆過世的時候留了一點錢給我。媽媽沒有馬上資助妳是因為很想知道妳能努力到什麼程度，去上職業學校堅持得住嗎？媽媽認為妳已經沒問題了，所以現在正是動用那筆錢的時候。」

「謝謝媽媽！好開心喔，我要去上那間職業學校了耶！」

步美笑容可掬代表做母親的實現了女兒的夢想，千壽子覺得自己非常幸福。

步美當天晚上傳ＬＩＮＥ給雪人，和他分享這股喜悅。

17 苦惱的雪人

雪人並未立刻找到下一份工作。雖然建設相關公司隨時在徵人，卻也代表在工地工作很辛苦，才會時時缺人。首先其他公司當然沒有人會像沖川這樣體諒司法少年，雪人雖然沒有受到同事暴力相對，卻總是因為不懂裝懂而惹火旁人，不管去到哪裡都接二連三挨罵，每家公司都待不滿一個月。

其實這不是雪人個人的問題，許多少年在入院前就經常換工作，離開之後更是如此，長的話三個月，短則一個月就離職，因為他們屢屢犯錯，無法長久待在同一家公司，當失去工作，錢也花光時又走回頭路。雪人正是陷入這種惡性循環。

他和步美持續有來往，兩人關係卻沒有任何進展，只是有時一起吃頓飯。他離開第一家公司數個月後，步美正決定要去念職業學校，樂不可支，還勸他找服務業工作。

「雪人你要不要跟我一樣做做看服務業的工作？」

「我沒做過也做得來嗎？」

「連我都做得來，你一定沒問題的。」

雪人原本就厭倦了建築業的工作，於是在步美的推薦下去面試餐飲店。面試時雖然覺得很有機會，還是擔心錄取之後可能又會犯錯。他的腳步在不安驅使下，不自覺地邁向柏青哥店。當他在店裡繞來繞去時，發現了諸岡的身影，頓時身體一僵。諸岡當然不會錯過這個機會。

「是雪人啊？我們又見面了。聽說你組裝鷹架的工作因為我被開除了，真是不好意思。現在你在做什麼？」

「呃，我還沒找到下一份工作……」

雪人實在鼓不起勇氣告訴諸岡自己去面試餐飲店工作。諸岡放開柏青哥機臺操作鈕，轉向雪人，從頭打量到腳，像是突然想到了什麼：「對了，你來得正好！你會被開除也是我害的，我會負起責任介紹工作給你。那份工作你一定做得來，你再等我聯絡。」

「是、是……那就請學長多多幫忙了。」

雪人內心一陣忐忑不安，覺得諸岡背後一定有鬼，無法發自內心接受他的好意，但還是被那句「你一定做得來」打動。他長久以來渴望「別人對自己有所期待」卻總是得不到，所以這句話哄得他飄飄然，而諸岡也看穿他的渴望，擅長以這點控制他。

18 諸岡介紹工作

在柏青哥店相遇三天後，諸岡打手機給雪人，他非常高興學長遵守約定。其實之前面試的餐飲店本來都決定要僱用他了，他卻在遇到諸岡後為了全心全意投入對方介紹的工作，拒絕了餐飲店。那天他沒有任何預定行程，馬上到車站前的咖啡廳找諸岡。

「喔！雪人，我在這邊。」

雪人微微鞠躬打招呼：「學長好。」

「不好意思，突然找你出來。」

「沒關係，反正我很閒。」

「是喔？真是不好意思。對了，雪人，你的夢想是什麼？」

面對突如其來的提問，雪人不是沒想過。他其實很擔心說出口會被嘲笑，最後還是決定坦承：「我想自己創業當老闆。」

「你想經營哪方面的公司？你很認真思考將來耶！」

「應該會是跟鷹架有關的公司，僱用像我這樣的人。」

「哇！你真偉大。到時候我找不到工作就靠你了。」

「咦？學長組過鷹架嗎？」

「我是在跟你開玩笑啦！」

雪人連學長開的小玩笑都無法輕鬆應對，卻是真心誠意想幫助像自己這樣一天到晚在職場挨罵的少年。渴望對他人有所貢獻其實也是一種救贖。諸岡藉由詢問雪人的夢想，成功激起他的士氣，於是進入正題：「我之前跟你說的工作……」

諸岡貼近雪人，放低音量：「下週三下午一點半去大阪車站，會有一個人把信封交給你，那是非常重要的東西，只能交給值得信賴的人去做。但是你要相信我，這不是什麼有問題的工作。你做得來嗎？」

雪人打從出生以來從未有人說過他是「值得信賴的人」，長期以來都被認定是沒用的廢物。諸岡這句話打動了他。

「請給我這個機會！」

「這是當天聯絡用的手機，然後你有西裝嗎？以防萬一我帶了一套西裝給你。」

散發穩重氣息的深藍色老舊西裝比雪人的身材大一號，雪人很訝異諸岡連西裝都幫他準備好了，心想非得回報對方的信賴才行。他壓抑驚訝的情緒，在心中下定決心：「我想成為一個值得信賴的人，一定要好好認真工作！」

當天下午一點前，雪人已經換上深藍色西裝抵達大阪車站，除了絕對不能遲到之外，他也想學上班族穿西裝在街頭漫步的模樣。一點十五分，諸岡交給他的手機響了。

19 二兒子打來的電話

四方塚久子那天換上在百貨公司新買的深藍色高雅洋裝出門。

久子有四個兒子與一個女兒，每個人都結婚成家，離家獨立；還有五個孫子。上週二兒子**武雄**打電話找她：「媽，妳最近怎樣？我有件事想跟妳商量。」

武雄很少主動打電話給久子，她整個人興奮了起來：「好久沒聯絡了，我很好啊！你要跟我商量什麼？發生什麼事了嗎？」

但是武雄從未找過母親商量事情，久子因而有些不安。

「其實我跟老婆吵架……」

「你跟**芳子**吵架了嗎？但是夫妻偶爾都會吵吵架呀……」

「因為她發現我去跟信貸公司借錢。」

「咦……跟信貸公司借錢？為什麼？你缺錢嗎？」

「不是啦！我家是芳子管帳，所以我零用錢很少，才會去借錢。」

她想起芳子曾經抱怨武雄最近老是想買與自己身分不符的高級名牌，下班後聚餐次數也變多。她心想兒子在公司是課長，請部下吃飯時一定出手很大方。

「這都是因為你明明零用錢很少還愛面子。」

「然後芳子就不理我了，去找認識的律師商量……」

「事情怎麼變這麼嚴重？芳子認識的律師是嗎？是說你借了多少錢？」

「錢的事沒關係，我不想讓媽操心，我之後再打給妳。這件事不要跟爸說，他一定會大發雷霆。對了，我最近不小心忘記手機放在褲子口袋，整件褲子下去洗了，現在壞掉不能用，今天是用公司電話打給妳。我之後會再聯絡，拜拜！」

武雄掛了電話。他一直找不到結婚對象，所以當他終於決定要和小自己十歲但個性可靠的芳子結婚時，久子非常高興。沒想到這個兒子居然跑去向信貸公司借錢，他應該是怕老婆生氣，所以很難開口要求提高零用錢金額吧？久子突然擔心起來：「芳子該不會要跟武雄離婚吧！」

久子繼續等待兒子的電話，既然他的手機壞了，直接打去他家可能是芳子接的。她不想惹事生非，只能默默忍耐。兩天之後，兒子終於打電話來。

「媽，是我。」

久子不安的情緒在兩天之內急速高漲。

「咦？你的聲音怎麼怪怪的？」

她覺得兒子的聲音有些沙啞。

「嗯，我發燒去看醫生，不過好像只是普通的感冒。」

「好險只是感冒，後來借錢的事情處理好了嗎？」

聽到兒子生病，久子更加擔心，害怕他和芳子吵架搞壞身體。

「後來芳子去找律師商量，對方建議我們盡快還錢，免得利滾利搞得金額愈來愈大。」

此時久子的丈夫在背後插嘴：「既然這樣就趕快還錢……」其實久子一個人按捺不住不安，早就和丈夫說了，他強烈表示這種借款一定要趕快還清。

「抱歉，其實我把這件事告訴爸爸了。他說可以幫你出一點，要你趕快還錢。你借了多少呢？」

聽到父親知道這件事，武雄頓時啞口無言，不過馬上恢復冷靜：「謝謝爸媽，我以後一定會加上利息還給你們。其實我大概借了兩百萬左右……」

「匯給你就好了嗎？」

「不是，要拿現金給律師。」

「兩百萬我還能想辦法，明天就去銀行領出來給你。」

聽到兒子向信貸公司借錢，久子本來以為金額會更高，但是兩百萬的話，不是高不可攀的驚人金額。

「媽，不過現在臨櫃提領大筆現金，銀行會問東問西很囉嗦，要是對方問起要做什麼，妳就說是要買人生最後一輛新車。」

「我知道了，畢竟現在匯款詐騙橫行，銀行自然會多加提防。」

「謝謝媽，妳後天星期三下午一點能帶錢來大阪車站嗎？我去跟妳拿錢。」

「好，星期三下午一點是嗎？」

武雄交代完便掛了電話。比起拿錢給兒子，久子更高興久違相見，她想和兒子悠哉地喝杯咖啡，聊一聊小夫妻倆的生活。隔天一早她去銀行把五百萬圓的定存解約，騙銀行窗口「要買人生最後一輛新車」，對方也毫不遲疑地把兩百萬圓交給她。她將鈔票放進雙層信封裡，藏在手提包深處。第二天早早出門好趕上和兒子約好的時間。

20 等候

久子七早八早就到了大阪車站，她好久沒來鬧區，於是先去車站直通的商場打發時間。下午一點，手機響了起來：「媽，不好意思，我大概會遲到三十分鐘，妳可以去找間咖啡廳等我嗎？」

「你工作很忙沒關係，我剛好也口渴了，我先去咖啡廳等你。」

久子走進眼前的咖啡廳，店裡門庭若市，看來只能和別人共坐一張桌子。她環視四周，發現一名氣質沉穩的年輕男子在看書，那張桌子正好有個空位。

「不好意思，請問這裡有人坐嗎？」

「請坐請坐。」

久子向男子搭話：「店裡人好多啊！這裡生意都這麼好嗎？」

「對啊，因為這家咖啡廳很受歡迎。您是來買東西的嗎？」

「我好久沒跟兒子見面，今天約在這裡碰面。」

「原來是這樣，你們很久沒見啦！」

久子想和別人分享坐立不安的心情，不過一想到丈夫經常罵她太愛講話，回答一句「是的」便安靜下來。她喝了一口冰咖啡，沒多久手機又響了：「媽，不好意思，我實在抽不出身來，所以請律師去幫我拿錢。他叫**田崎**，年紀很輕。這件事情結束後我會回家一趟。」

「是喔……真可惜，媽知道了，那我該去哪裡等律師呢？」

聽到兒子說是律師代替他來領錢，久子雖然很失望沒能見上一面，不過想到兒子會回家一趟，也就算了。武雄繼續交代：「一點半到車站的御堂筋口剪票口，律師會在剪票口右側等妳，我已經跟對方交代媽的名字了。」

就在此時，雪人手中的手機發出震動，響了起來。他一看螢幕，發現沒有顯示來電號碼，馬上接起來。電話另一頭傳來陌生的聲音，緩慢客氣地吩咐他：「您是田町雪人先生嗎？我想諸岡先生應該跟您說明過了。請您先移動到御堂筋口剪票口，到了之後面對剪票口，站在剪票口右側。一點半的時候，會有一位名叫四方塚久子的年長女性前來。您先確認她是四方塚女士，再告訴她您姓田崎，是來領信封的，對方就會把信封交給您。收下信封後請立刻回到中央剪票口，到時候我會再聯絡您。」

雪人掛掉電話走向御堂筋口，從中央剪票口走過去沒幾步就到了。他一站在剪票口右側，一名身穿深藍色高雅洋裝的年長女性盯著他走過來，開口問道：「不好意思，請問您是田崎律師嗎？」

「您是四方塚女士嗎？」

久子的表情頓時放鬆下來。

「真是太好了，我兒子剛剛聯絡我說他不能來，我還在想該怎麼辦。」

雪人雖然搞不懂什麼兒子的事，不過當他告訴對方是來拿信封，對方立刻對他深深一鞠躬：「謝謝您特意前來，兒子的事就麻煩您了，還請您多多幫忙。」說完之後把沉重的雙層信封交給雪人。他不知道裡面裝的是鈔票，但透過指尖感受到應該是非常貴重的物品。

雪人也向久子深深一鞠躬：「我收下了，請容我先行告退。」儘管背後感受到對方視線，他還是忍住沒有回頭，走向中央剪票口的方向。他一移動，手機馬上響起，電話那頭的人大概從遠處觀察著雪人的行動。

「收到信封了嗎?接下來請往左邊前進，那裡有投幣式置物櫃。」

雪人把電話夾在右耳，走向投幣式置物櫃，那裡的置物櫃他用過很幾次。

「我走到置物櫃了，這裡我很熟。」

「那麼麻煩您找個空的置物櫃，把信封放進去。」

雪人正前方恰好有一個空的置物櫃，他把信封放進去，從機器取出標示置物櫃密碼的單子。

「我接下來只要告訴你置物櫃的號碼跟密碼就好了嗎？」

「是的，不愧是田町先生，諸岡先生說過您很值得信賴。」

「信賴」一詞又哄得雪人飄飄然。

「今天的工作就到這裡告一段落，辛苦您了。之後諸岡先生會再聯絡您。」

結束後，雪人全身湧起一股前所未有的感受：「這就是『充實』的感覺嗎？」

21
酬勞

在大阪車站收下信封後的第二天，諸岡要雪人來車站前的咖啡廳找他。

「多虧你的幫忙，那天那位女性也很感謝你，這是你的酬勞。」

「真的嗎？我不過是收個信封而已……」雪人感到很不好意思，一看諸岡遞給他的信封裡裝有五萬塊：「這也太多了吧！」

「值得信賴的人很少，這點酬勞是正常價碼。」

收到的金額超乎預料，對於好一陣子沒工作的雪人是一大筆錢。當鷹架工實習生時，工作一天也不過六千塊。諸岡那句「值得信賴的人」原來是真的！他再度感到飄飄然。

和諸岡道別後，雪人腦中浮現的第一個想法是買點好吃的給母親，討她歡心。他走進商店街，東張西望，發現一家西式甜點店，店裡排了好幾個人在等待結帳。他想起出了少年院後都還沒吃過蛋糕，打算買個蛋糕送給母親一起享用，作為之前多次換工作而辜負母親期望的補償。這家蛋糕店大受歡迎，不過價格並不親民，母子倆都捨不得買，但是他今天一下子就賺到五萬圓，心想這家店的蛋糕正配得上今天的自己。

展示櫃裡陳列著許多一人份的切片蛋糕，他一眼相中的卻是擺滿水果的圓形大蛋糕，這個蛋糕在展示櫃中格外醒目。由於要價六千八百圓，店裡沒有人看這個蛋糕一眼，他卻興奮地站在蛋糕前方，付錢買了下來。

他想看到母親又驚又喜的表情，趕緊穿過商店街回家，然而母親看到蛋糕的反應卻出乎預料——良子瞪大雙眼，大聲質問：「這個蛋糕是怎麼來的？」

「剛好工作賺了點錢。」

「你怎麼這麼浪費！這麼大的蛋糕，我們兩個人哪吃得完！」

良子看到蛋糕不但沒有喜上眉梢，反而怒氣沖沖。雪人很後悔自己買了蛋糕。他從小就看著母親的臉色長大，總是想達到母親的期待卻一路失敗。**他深感自己不中用，卻又覺得非得更努力才行。**

此後，諸岡的委託都不定期，雪人卻總是把對方放在第一順位。每當他完成委託，總覺得自己離夢想更進一步——自行創業，僱用像自己這樣的少年。

另一方面，儘管良子故意不多問，但是看著兒子經常穿著西裝不知去哪裡，心想他是不是又惹上什麼麻煩，擔心自己被牽連。

22 某次委託

諸岡打電話來：「我又有工作要拜託你了。」

這回，良子驚訝地望著雪人穿上前幾天自己訂做的新西裝準備出門。儘管諸岡說繼續穿之前準備給他的西裝就好，不過他想要對自己的工作更加負責。新西裝上還殘留藥水的氣味，令他鬥志高昂，精神抖擻地走向等待的地點。

然而那天情況和平常不一樣。之前只要在定點等人，收下對方交付的信封即可，但是那天拿信封來的女性反應卻和之前不一樣。對方走過來，一看到是雪人便打起招呼：「咦？你不是雪人嗎？我是**神谷**阿姨啊！」

雪人看到高齡的阿姨額頭正中央有顆痣，眼前這位女性的確是神谷阿姨。

「咦？呃？」

「你在這裡等誰？你媽媽最近好嗎？」

對方一問起母親，雪人頓時不知該如何回答，他也沒和母親提過工作的事。

（咦？要給我信封的人在哪裡？）

神谷滿是皺紋的右手緊緊握住一個黑色提包，稍微看得到提包裡有一只信封，雪人當下明白就是要收下這個信封。

「那個……信封……」

「咦？你說什麼？」

「在這裡交信封……」

「咦？為什麼你會知道信封的事？」

神谷雙手緊抓提包不放。

「總之把信封給我……」

「但是我這個信封是要交給名叫田崎的律師啊！」

（我是律師嗎？）

雪人腦中一片混亂：「我該說自己是田崎嗎？可是我又不是律師，更不是田崎，但是我非收到信封不可……」他伸手抓住神谷的提包。

神谷拚命抵抗，散發出就算犧牲性命也要保住提包的氣勢，因為這可是孫子拜託她的重要款項。兩人拉扯之際，周遭的人也感到不尋常的氣息，開始停下腳步。這時神谷跌倒了。

「啊！」

她的哀號引來眾人注目，所有視線都集中在雪人身上。雪人陷入混亂，只想逃走，同時想著諸岡叫自己做的究竟是什麼工作。拔腿逃走一會後，手機震動了起來。

「不好意思，我要拿信封時對方大叫起來……」

電話另一頭聽到雪人失敗，口氣失去平時的冷靜平穩，所謂「翻臉如翻書」指的就是這麼一回事。

「現在給我趕回去！用揍的也要把信封搶過來！」

「不行，我做不到，她是我認識的阿姨！」

對方立刻掛掉電話。

當天傍晚，雪人走向柏青哥店，而不是直接回家。這時諸岡打電話來：「雪人，聽說你惹了大麻煩，對方因此損失慘重，逼我也要負起連帶責任，我本來很信任你的。之後我再跟你聯絡，總之你趕快回家，除非我聯絡你，否則不要走出家門。」

諸岡虛弱無力的聲音讓雪人很難過，而且感到愈來愈煩躁。

（阿姨應該不會報警了吧！母親應該不會發現這件事了吧！）

那天深夜，諸岡又打電話來：「上頭的人跟神谷聯絡了，說下午的事是一場誤會，跟對方道了歉，對方也答應不會報警，真是太好了！我雖然拜託上頭的人不要究責，可是他們說無論如何一星期之後一定得拿出一百萬來補償損失，你準備得來嗎？」

「一百萬！我拿不出一百萬。」

「對吧！所以我也會負起一半責任，你只要付五十萬就好，看是要跟誰借還是怎樣，我這邊現在也是自身難保。」

雪人無法推測諸岡的話到底是真是假，但是他認定學長是恩人，非常難過對方因為自己失敗而遭到牽連。另一方面，無論如何都得拿出五十萬來，這不是能拜託母親幫忙的金額，於是他腦中浮現步美的臉龐。

23

向步美借錢

雪人最近和步美有些疏遠，不過只要他開口邀約，對方總會答應。他想起步美曾經說過為了上職業學校存了一點錢，母親還會資助大部分學費，因此心想：

「這樣步美應該拿得出五十萬借我吧？」

隔天他約步美在車站前的咖啡廳碰面，把她當作最後一根救命稻草。

「好久不見，妳最近好嗎？」

「嗯。」

兩人還是聊不起來，不過步美最近心情比較放鬆，儘管打工稱不上得心應手，至少確定有錢去念職業學校，得以立定未來人生計畫。看到步美開始覺得無聊，雪人終於下定決心開口：「我有件事情想拜託妳，妳聽了不要生氣，我想跟妳借點錢。」

步美嚴肅地盯著雪人：「為什麼我要生氣？」

「我想妳聽到我要借錢可能會不高興，但是我之後一定會加上利息還妳。」

步美並沒有同意雪人的話，想到他居然是為了借錢才找自己出來，臉色不禁沉了下來。

「你要借多少？」

「大概五十萬。」

步美脫口而出：「我沒有那麼多錢。」

「可是妳說妳有錢去上職業學校……」

「話是這樣說沒錯，但那筆錢是要拿去付學費的。」

步美很後悔告訴雪人母親會資助自己念書的事。

雪人低下頭來。其實他不是不知所措，而是想起諸岡以前說過的話：「硬的不行，就來軟的。」

「我想也是，我不應該跟妳借錢的，妳就當作沒這回事吧！」

步美聽到這句話立刻反問：「可是為什麼你要借這麼多錢呢？」

「其實我工作出了差錯，必須賠償損失。本來要賠一百萬，但是平常很照顧我的學長說會幫我出一半，我付五十萬就好。」

「你沒有其他人可以拜託了嗎？」

雪人開始察覺到這招有效，心想：「我已經不是以前的那個我了，步美就快上鉤了！」

「我能拜託的只有妳了……學長之後會馬上找我去工作，我一拿到錢一定立刻還妳，還會加上五萬塊的利息。」

步美陷入一陣沉默。當雪人心想這招果然不行的時候，步美其實在思考其他事：比起五十萬，加上五萬的利息更讓她動心，單憑借錢就能多收到五萬，實在令人難以抗拒。她不相信雪人，但是她知道光靠打工要賺到五萬塊很困難，也明白母親其實資助得很勉強，要是自己能多賺一點就好了。

步美終於開口：「你真的會還我嗎？」

「當然，我一定會還妳。」

「什麼時候？」

「嗯……我想一個月之後可以還妳。」

雪人發現計畫得逞，在心中竊笑，只要接下來的一個月諸岡再安排工作，也每天乖乖去打零工，應該很快就能湊齊五十五萬了。

「好，那我就等你一個月，到時候真的會還我五十五萬吼？那你什麼時候要這筆錢？」

「妳願意借我嗎？真是太感謝妳了，希望妳能盡早借我。」

「我提好錢再聯絡你。」

兩天之後，雪人從步美手上接過現金五十萬圓，向她道謝了好幾次才離開，一離開便立刻打電話給諸岡：「我準備好五十萬了。」

「這麼快就準備好了喔？真不愧是雪人。我們約在老地方吧！」

「好的，不好意思給學長添麻煩了。」

所謂老地方就是車站前的咖啡廳，也是向步美借錢的地點。諸岡沒料到雪人這麼快就能拿出五十萬，心情非常愉快。他將一張一張的鈔票數完後表示：「剛好是五十萬。那我拿去給公司的人，一切交給我就對了，我一定會幫你想辦法。果然你這個人『值得信賴』，要是之後有好工作，我一定會再找你。喝咖啡的錢就由我來付吧！」

諸岡說完便轉身離開。雪人相信學長的保證，畢竟要是不相信他，就再也聽不到他說自己是個「值得信賴」的人了。

此後他再也沒接過諸岡的電話。

24 步美來催款

一個月後步美考上美髮師的職業學校，雖然這間學校只要報考幾乎不會落榜，母女倆還是準備了豐盛大餐，分享上榜的喜悅。

「看到妳終於決定好出路，媽媽就安心了。對了，要記得匯註冊費。」

「我可以用自己的存款繳註冊費。」

「妳可以嗎？」

「嗯，我也該獨立了。」

對於步美而言，現在正是要求雪人還她五十五萬的時候：「已經過了一個月，我不但能拿回五十萬，還能賺到五萬塊。」她一吃完飯便傳ＬＩＮＥ給雪人，等待回音，心想雪人會感謝她的提醒。

「我考上職業學校了，需要註冊費，你差不多該還錢了吧？別忘了加上利息的五萬喔！」

訊息顯示已讀，等了一會卻不見回覆，步美於是又傳了一條訊息：「你怎麼不回我？」訊息還是顯示已讀，步美握著手機的手忍不住顫抖起來。

（難道雪人騙我嗎？要是拿不回五十五萬，我就不能去念職業學校了！）

她突然覺得雪人當時的笑容很冷酷，該不會一開始就打算要騙錢吧？她顫抖地打出下一條訊息：「你要是不還錢，我就去報警！」

一顯示已讀，馬上收到雪人回訊：「不好意思，我手機怪怪的。我一定會還妳錢，再等我一下。」

「等一下是多久？你之前說一個月之後就會還我，我現在需要註冊費！」

諸岡之後不曾再來找雪人，光靠打零工最多只賺到十萬，完全湊不出五十五萬。他沒有要欺騙步美的意思，而是當初的計畫完全落空，現在也想不出別的辦法。他知道步美的母親會資助女兒，打算靠這點爭取一些緩衝時間。為了以防萬一，他也準備好了其他計畫。

「我知道了，我會還妳錢，妳現在可以來台仙公園一趟嗎？」

收到雪人的回訊，步美馬上換外出衣服。

「媽媽，我出去一下。」

「這個時候妳要去哪裡？」

「朋友說他旅行回來，有土產要給我。」

「這樣啊？外面天很黑，妳自己出門要小心。」

這時已經過了晚上九點，步美很少這麼晚出門。千壽子一方面擔心女兒，一方面又想到女兒沒什麼朋友，不過最近好像認識了新朋友，還經常一起吃飯，看到女兒成長，她感到非常欣慰。

她不知道那個新朋友是雪人。

25 公園成為案發現場

台仙公園離步美家騎自行車約十分鐘。公園面積廣大，在高樓大廈林立的都市中是民眾休憩的綠洲，假日還有許多家庭造訪，但是夜裡幾乎不見人影。步美來到台仙公園入口時，雪人已經到了。她趕緊停好自行車，快步走向雪人。寧靜的公園在白天顯得靜謐，到了晚上反而散發陰森的氣息。

（雪人居然晚上找我來這種地方。）

「你把我叫來這種地方，很黑很恐怖耶！」步美沒想到晚上的台仙公園如此毛骨悚然，湧起戒心。

「對不起。」

「你把錢帶來了吧？趕快還給我！」

步美一開口就是錢，雪人感受到兩人之間的距離。

「我想跟妳商量一下，能不能再等我一陣子？」

步美露出兇惡的表情：「你ＬＩＮＥ上不是說要還我嗎？」

雪人沒想到對方居然也有可怕的一面，嚇得畏縮起來：「不好意思，我是想當面跟妳道歉。」

「什麼意思？那是我為了要上職業學校辛辛苦苦存下來的血汗錢耶！」

「我知道，可是妳不是說妳媽媽會資助妳嗎？」

步美怒火中燒，大吼起來：「我媽媽要資助我跟你還錢有什麼關係！我不要利息了，五十萬還我就好！你該不會連五十萬都沒有吧！」

看到雪人不發一語，步美這下子用哭腔繼續吶喊：「太過分了！你這個騙子！我要去報警！」

「幹麼報警！我又沒說我不會還錢。」

看到雪人靠近，步美反射性後退：「你不要過來！」

這句話打消了雪人的克制力，腦中浮現自己遭到警方逮捕和母親失望的表情。他撿起附近巴掌大小的石頭，朝著轉身背對自己的步美後腦勺用力一擊。鈍器造成的悶響代表擊中步美，她一聲不吭地側倒在地上。雖然天色漆黑到看不清地面，雪人接著將她翻到正面，騎到她身上，默默掐住脖子不放。

千壽子正等著女兒回家，思考要送什麼禮物祝賀她上榜。她腦中浮現許多想法：「我們辛苦了一輩子，稍微享受一下應該沒關係，買些新衣服給她穿去上學好了，還有趁她課業忙起來前我們一起去旅行吧！」然而時鐘的短針指向晚上十點，步美還沒回家。她心想女兒一定是和朋友聊到忘了時間，但是聊到現在未免太晚了，開始擔心起來。

26 雪人與良子

雪人已經回到家。因為他在晚餐時間突然外出，良子把他的晚餐用保鮮膜包好，邊看電視邊喝啤酒，等待他回家。

「你去哪裡了？晚飯都涼了。」

「朋友突然說要還我電動。」

「那你還要吃飯嗎？」

「嗯，我肚子餓了。」

良子一臉嫌麻煩的表情，把晚餐放進微波爐，又開起瓦斯爐加熱剩下的味噌湯。她趁此時順便問道：「最近你好像很少穿西裝出門，發生什麼事了嗎？」

「沒啦！就學長公司最近狀況不太好，要我休息一陣子，之後會再找我幫忙。」

看來雪人還在期待諸岡給他工作。

「是喔，現在每家公司應該都很辛苦。」

「不過公司跟學長都說我『值得信賴』，等公司狀況好轉一定會第一個找我。」

「這樣啊，**你不要給人家添麻煩就好**。」

雪人吃著母親熱好的剩飯，裝出若無其事的表情，掩飾警察可能隨時上門的恐懼：「我可以喝點啤酒嗎？」雪人平常很少喝酒，當天晚上卻莫名想喝。良子有些驚訝，把剩下的啤酒倒進他的杯子，一起看電視。

當天晚上雪人洗完澡後比平常更早上床。他在被窩裡閉上眼睛，步美兇惡的模樣浮現在眼前。想到警方可能會來按門鈴，他全身發熱，一直睡不著。等到回過神來，溫和的旭日已經照亮窗簾外側，結果警方沒有來。

（搞不好只是一場夢罷了……）

雪人期盼昨晚的事不過是夢一場，當下卻突然想起母親對他說的話：「你不要給人家添麻煩就好。」那不是夢。雪人爬出被窩，脫下睡衣，換上外出衣物，走出房間，尋找母親的身影。

「你今天真早，連衣服都換好了。今天要上班嗎？」

「我換衣服不是要上班，是有件事情想問妳。」

「什麼事？」

「昨天晚上妳跟我說『你不要給人家添麻煩就好』對吧？」

良子聽了很高興：「你記住我說的話啦！對，不可以給人家添麻煩喔！」

果然母親昨天晚上真的說過這句話，雪人也接受昨晚的一切不是作夢。

「嗯，我知道了。其實我有件事想跟妳說。」

「什麼事？我再不出門就要遲到了，不能等我下班回來再說嗎？」

「其實昨天晚上……」

雪人向母親坦承昨天的罪行，表示想去自首。兩小時後，也就是上午十點，他在母親陪同下前往當地警察局。他和盤托出後，良子吶喊了一聲：「我以後要怎麼辦！」接下來就再也不出聲，彷彿雪人這個人根本不存在。

雪人的判決結果在八個月之後揭曉。

27 回到家後

那天晚餐也是六麥和麻美先吃，杏奈還沒從補習班下課。

「我們念國中的時候不需要補這麼多習，現在的小孩真辛苦。」

一聽到六麥開始回憶當年，麻美刻意打斷他的話：「對了，杏奈最近好像交了男朋友。」

「也是排球隊的嗎？」

六麥並不驚訝，反而希望女兒趁年輕時多和異性來往，培養看男人的眼光。

「對啊，是男子排球隊的隊員，杏奈說他個子高長得又帥，但是這樣念書沒問題嗎？」

「交男朋友也好啊！要交往不如趁現在，總比將來遇上渣男好。」

「你是說像你這樣嗎？」

六麥戳了戳麻美的側腹。

「哇！不要鬧我啦！」

麻美笑著逃走。

「我才該說這句話吧！」

報紙刊登澤部步美的照片。看著這位立志當美髮師的女孩臉龐，六麥回想起杏奈說過的話：「找到好對象，人生才會順利。」

解說

近年來，日本國內每年經由警方認定的殺人事件將近一千件，其中犯人為未成年者約五十件，僅占少年刑事案件的〇．二％，然而十多歲少年犯下殺人事件確實帶給社會極大衝擊。

到底什麼樣的孩子會犯下殺人案呢？我在精神科醫院和少年院工作時遇過好幾位少年殺人犯。有些人從不反省，認為都是被害人的錯；有些人忍耐到極限，再也無法承受，結果痛下殺手；有些人以為對方很可憐而動手；有些人明明沒有意思要殺人，最後引發殺人事件……情況形形色色。過去一位少年犯下「史上罕見的殺人事件」，受到電視媒體多方報導，他移送少年院時，院方繃緊神經，嚴陣以待。這些少年的個性沒有共通點，有些原本就粗暴易怒，有些老實安靜，動作緩慢。

我在診間為少年一對一看診，不少人單看外表就能發現的確可能犯下殺人罪。我這麼說可能會讓受害者家屬無法接受，這些少年「恐怕欠缺責任能力」。

本章介紹的田町雪人智商只有六十八，有輕微的智能障礙，心智年齡不過是小學六年級程度。請大家回想自己念小學的日子，再想像他所遭遇的困難：做不到主管交辦的事情；不懂自己為什麼挨罵，覺得大家都在欺負自己；無法拒絕壞朋友的邀約，被捲入犯罪事件；被騙走一大筆錢卻沒有發現；身邊也沒有大人可以求援。只要把雪人當作小學生，他在本章做出的所有行為都有了合理的解釋。

步美是少數了解雪人的人，卻被痛下殺手。寶貝女兒好不容易邁出步伐，就要達成美髮師的小小夢想，卻捲入金錢糾紛，慘遭殺害，實在令人既悲又怒，深感遺憾。究竟該怎麼做才能避免出現第二個步美呢？眼前要是出現像雪人這樣的孩子，又該如何伸出援手呢？相信本章提供了解決的線索。

第2章

CHAPTER 2 KYOKO

門倉恭子

概要

門倉恭子來到女子少年院時年僅十五，懷孕八個月。罪名是對其國中女導師施暴，導致對方身受肋骨骨折與視網膜剝離等重傷，甚至可能因此失明。恭子的智商七十九，屬於臨界智能。她和母親、同母異父的弟弟三人一起生活，母親有家暴傾向。

生產後，小孩交由母親照顧。她在少年院接受防範暴力課程，觀念開始出現些微變化。然而每次與母親會面完後，恐慌症便會發作，過去曾偶然目睹母親對患有障礙的弟弟菜刀相向，導致痛苦記憶重現。

終於可以離開少年院時，恭子已經十七歲，女兒愛菜也滿一歲了。

1 殿知良女子學院

門倉恭子來到女子少年院——殿知良女子學院時是五月的某個星期一，逐漸感受到夏季的悶熱。當時她年僅十五，卻已經懷孕八個月。

六麥每星期五固定前往殿知良女子學院。在這個醫師不足的時代，矯正機關也缺乏醫官，部分監獄甚至沒有醫師。倘若受刑人發生緊急情況，必須轉送到具備醫療功能的監獄或外界的醫療機關，移動時需要安排大量人手，成為棘手問題。殿知良女子學院也沒有專任醫師，所以六麥除了擔任要鹿乃原少年院的專任醫師，每星期有一天會來這裡。

矯正機關欠缺醫師的理由除了診治對象是犯人之外，還包括醫療設備不足，無法學習最新醫療技術；多半地處偏遠；薪資低於一般在醫院服務的醫師。對於治療身體疾病的內科與外科醫師而言，在矯正機關工作幾乎沒有任何好處。通常會去矯正機關當醫官的都是罹患重病，承受不了一般醫師的工作量，或是和大學附屬醫院的研究室教授起衝突，無法在相關醫院工作等「有問題」的醫師。

對於精神科醫師而言，矯正機關是與司法精神醫學、犯罪心理學息息相關的臨床現場，儘管如此，願意前來工作的醫師還是屈指可數。最近愈來愈多女醫師出自於兼顧育兒的理由前來矯正機關工作，因為這裡不用加班和值班，也容易請假。六麥至今還沒遇過任何一位醫師來到矯正機關是出於使命感，就連他自己也不過是遵從大學醫院研究室的人事命令罷了。

前往殿知良女子學院的日子，早上六點起床就趕得及上班。在離女子學院最近的車站下車後步行五分鐘，穿過住宅區，沿林蔭大道再走十分鐘便能抵達目的地。早上經過住宅區時會遇上小學生上學的路隊，一位看似當地老人會成員的白髮男子擔任導護員，站在路邊熱情地向小學生打招呼，然而多數兒童不發一語，無視他的存在。六麥記得小時候應該是由小孩主動向大人道早安，可能是現在家長都教育小孩要特別小心陌生的大人吧！那名男性每次看到六麥經過總會瞄他好幾眼，擔心他是可疑人物，會傷害學童。

穿過住宅區，跨越國道，走進小巷子，映入眼簾的是種滿亞馬遜王蓮的濕地，繼續前進便是女子學院正門。走進正門，首先是冰冷無趣的混凝土總館入口，顏色黯淡。相較於要鹿乃原少年院毫無遮掩，一覽無遺，這裡無法從外面一探究竟。

目前日本有九所收容犯罪少女的女子少年院，但是缺乏像要鹿乃原少年院那樣專門收容智能障礙與發展障礙者的醫療少年院，基本上有障礙的少女也是和一般少女一起生活。女子少年院的規模不一，例如殿知良女子學院收容約三十名少女，教官幾乎是女性，行政與教育部門則有幾位男教官，基本結構與少年院大致相同，明顯差異是女子少年院裡，會在顯眼處看到種植大量花草。

六麥從正門玄關走進殿知良女子學院後，先到行政課拿鑰匙。每位職員都有一把鑰匙盒，輸入密碼便能打開鑰匙盒，取出鑰匙。行政課已經有好幾名員工來上班，辦公室卻沒有開燈。在表定上班時間以外的時段不開燈通常是為了省電，但這裡很奇怪的是，就算上班時間的鐘聲響了也不開燈。六麥實在搞不懂這些人究竟是想省電還是只是不想上班，明明走進辦公室不過是想拿個鑰匙，心情卻特別沉重。

「早安。」

六麥禮貌性地向大家打招呼，卻沒有任何人抬頭回應。如果看到打招呼的是來自其他單位的人，應該會稍微回應一下吧？但是這些人打從一開始就不抬頭，根本不知道現在是誰走進來，可能只把六麥當新人吧？總之職員的態度都很冷淡，實在稱不上是愉快的職場。

六麥拿著鑰匙走向醫師休息室。休息室是臨時改建保健室，安裝了厚重的鐵門，只放了辦公桌與櫃子。辦公桌上雖然有電腦，但無法上網，也不能使用外接儲存裝置，六麥只能拿來聽音樂或休息時間看看ＤＶＤ。

2 醫務室

六麥在休息室換上白袍，走進隔壁的醫務室，此時醫務室的燈已經亮了。不同於陰暗的行政課，陽光從向南的窗戶照進醫務室，敞朗明亮，感覺像是學校的保健室，裡面坐了一位個性沉穩的護理師。窗戶前是辦公桌，旁邊是檢查用的簡易診療床。六麥把東西放在桌上後坐下，聽到後方傳來一個聲音：「六麥醫生早安，辛苦了。」

一回頭就看到法務技官[12]兼護理師的安本，她似乎在後方倉庫整理醫療器具。安本年約三十五，纖瘦清秀，不同於一般少年院教官的嚴厲氣質。她曾在小兒科醫院工作過，由於和六麥都具備相同經驗，兩人相處起來很輕鬆。

「早安，妳今天也好早。」

「六麥醫生每次來就代表又是週末了，一個星期過得好快啊！」

「年紀大了會覺得日子過得更快，一年一下子就過去了。」

「兼顧兩間少年院一定很辛苦吧？」

「剛好可以讓我轉換心情也不錯啦！」

六麥回答時雖然面帶笑容，行政課沉重的氣氛閃過腦海的瞬間，還是令他有點後悔為什麼要撒謊。

「醫生，今天門診一共有五名患者，還有一名新人要來做新人檢查，所以總共六人。」

「有一名新人是嗎？是什麼時候來的？」

12 法務技官：隸屬法務省的專業技術人員。

「星期一。這孩子才十五歲，就已經懷孕八個月了。生產時會移送藤森醫療少年院。鑑別所傳來的資料是母子都很健康。」

全日本有兩間少年院具備醫院的功能，藤森醫療少年院是其中之一。藤森醫療少年院有各科醫師常駐，當其他少年院的少年發生骨折、生產、思覺失調症等需要治療的狀況都會移送至那裡。

「未婚懷孕嗎？她在藤森醫療少年院生產後應該會再回到這裡，但是到時候就得跟嬰兒分開了。」

「她母親住在那附近，好像是由母親代為撫養直到她回家。」

六麥突然注意到一件事：「那孩子的父親呢？」

「她好像不知道孩子的父親是誰。」

安本的口氣彷彿這件事情理所當然。

「既然這樣也沒辦法。門倉為什麼會來到這裡呢？」

「好像是因為她在學校對老師施暴，上面記錄了詳情。」

「對教師施暴啊，我會在檢查之前看完資料，她是最後一個對吧？」

六麥瀏覽起彙整過的精簡檔案：

罪名：傷害。

生活經歷：與母親（由美，四十一歲）、弟弟（翔命，十一歲）一起生活。母親在少年童年時離婚，少年與弟弟是同母異父的姊弟。母親是食品相關計時人員，家境清寒。

犯罪行為：國中導師（村西彩子，三十四歲）要求少年改善不良生活習慣，她憤而動粗，導致教師肋骨骨折，可能因視網膜剝離而失明。賠償金額未定。

智商：七十九。

醫療相關注意事項：目前懷孕八個月，母子均安，父親不詳。

六麥腦海中浮現要鹿乃原少年院的少年臉龐，心想：「沒有人受得了被學生暴力攻擊。這個孩子也是臨界智能嗎……」此時安本又口頭追加最新資訊：「老師後來好不容易免於失明，不過心靈受到很大的打擊。」

「這也是理所當然，搞不好之後還會變得很怕學生，需要輔導幫助她走出陰霾，這件事最好也讓門倉知道。」

儘管加害者就在眼前，受害者的狀況只能透過文字推測，因此少年院會藉由合作機構蒐集受害者的最新資訊。六麥判斷門倉需要較長的看診時間，交代安本將她安排在最後一個。

六麥是精神科醫師，來門診的少年症狀幾乎都是失眠和心情煩躁。過了一會，安本將想第一個看病的少女帶來醫務室。她穿著這裡的居家服——成套藍色運動服，在安本的引導下重重坐了下來。

「妳是荒木對吧！今天怎麼了？」

「醫生，我煩到快爆炸了！」

六麥的視線回到病歷上，看到少女進入少年鑑別所時拍攝的照片上頂著一頭金髮與一臉濃妝，現在已染回原本的黑髮，加上在少年院不能化妝，凹凸不平的淺褐色肌膚像是剛挖出來的小芋頭，眼睛也泡泡的，和過去簡直判若兩人。罪名欄上註明「違反《興奮劑取締法》」，不發揮豐富的想像力，實在很難接受眼前的少女居然會吸毒。

六麥早就知道她一定會覺得很煩躁。

「妳之前吸過毒對吧？現在開給妳的藥有效嗎？」

「一點效果也沒有。」

「那加重劑量試試，要是太強了再跟我說。」

「謝謝醫生。」

雖然少女把症狀描述得有點誇張，不過六麥只能選擇相信對方。藥物劑量畢竟有上限，就算加重劑量也還在規定範圍內。

使用興奮劑的少年被逮捕後先從拘留所移送少年鑑別所，在家事法庭接受審判，進入少年院。他們多半在鑑別所時已出現戒斷症狀，因此服用精神科藥物來抑制粗暴行為、自殺念頭、不安焦躁的情緒，通常進入少年院後還是持續服藥。

3 為門倉恭子檢查

六麥看完四名患者後，再次交代安本將門倉安排到最後一個。安本過了一會帶來一個低著頭的少女，緩緩走進醫務室。她綁著馬尾，一五八公分的身高以年齡來說符合平均，不同於其他少女的則是膨脹的腹部，雖然穿著寬鬆的成套運動服，還是掩飾不了孕肚。

「妳是門倉恭子吧？我是精神科醫師，敝姓六麥，每週會來這裡看診一次。今天請妳來不是因為妳有什麼問題，而是所有新人都必須接受面談，請別擔心。」

恭子抬起頭來，小聲回答：「是。」

從正面觀察，她的臉蛋尖，皮膚白皙，在世人眼中即使不化妝也是美女。然而相較於小巧的臉龐，脹大的腹部更是突兀。

「妳過一陣子可能得去其他少年院……」

六麥說到一半就被安本打斷：「醫生，噓！」

基本上院方不得告知少女今後移送的資訊。六麥嚇了一跳，隨後裝出若無其事的表情繼續檢查。然而從恭子的反應來看，她似乎早就知道了。

「妳已經懷孕八個月了，生活上有什麼煩惱嗎？」

「我不可以吃藥對吧？有時候頭會很痛。」

「懷孕期間不是什麼藥都不能吃，不過最好不要吃。」

「那我會忍耐。」

恭子的回答出乎意料的乾脆，六麥腦海中浮現她至今無論提出什麼要求都遭到拒絕的身影。

「就快要生了，妳的心情如何呢？」

「我會加油！」

口氣雖然強而有力，卻掩飾不了不安。沒多久恭子就被帶回自己的房間。

六麥對回到醫務室的安本說：「智商只有七十九，養小孩會很辛苦。」

「可是智商超過七十代表智商沒有問題吧？少年鑑別所也沒特別吩咐什麼。」

少年院職員對於智商如此不了解，總是讓六麥感到非常挫折，他繼續說明：

「現在的標準認為智商七十到八十四都不算臨界智能，沒有智能發展的問題。但其實世界衛生組織制定的《國際疾病與相關健康問題統計分類》（ICD）在一九六五到一九七四年的十年間，把智商七十到八十四歸類為『臨界智能障礙』（borderline mental retardation）。」

安本大吃一驚：「所以智商七十到八十四以下算是智能障礙嗎？」

「是啊。」

「也就是說現在屬於灰色地帶的臨界智能，以前可能算是智能障礙。」

「所以臨界智能裡可能也有成人或兒童在日常生活上跟智能障礙者一樣辛苦。」

「這種人大概占總人口的多少呢？」

「據說是一四％。」

「這麼多！搞不好我其實也是……」

「能正常工作、獨立生活的人就算智商低也不會歸類為智能障礙，不用擔心！」

六麥至今已經向許多兒少工作者說明過多次關於智商的知識，這些知識就連想當特殊教育老師的人也沒什麼機會可以學到，醫學院就更不用提了。

兩個月後，也就是七月，臨盆的恭子移送至藤森醫療少年院準備生產。六麥依然定期於每星期五前往殿知良女子學院看診。

4 咖啡廳TINAMI

殿知良女子學院對面的林蔭大道旁有一間北歐風的咖啡廳——TINAMI，這間咖啡廳的裝潢是這一帶難得一見的開放式店面。店裡天花板下方是交叉成十字形的粗大木紋梁，下方支撐的柱子形成室內美麗的點綴。每張椅子都是柔軟的皮面，還放置了好幾件北歐骨董家具。透過巨大的窗戶，室外景色一覽無遺。平常下了班就直接回家的六麥也經常造訪這裡。

打理咖啡廳的是老闆娘**砂附馨花**與數名打工的學生。馨花原本在這裡開人造花花藝教室，三年前將花藝教室改造成咖啡廳，也因此咖啡廳處處都是人造花。六麥還沒有機會問馨花為什麼把花藝教室改成咖啡廳，不過擅自猜測是因為她的個性有些古怪又隨興。馨花五年前離婚，帶著小學二年級的兒子回到這附近的娘家，把小孩交給娘家照顧。身材纖細加上娃娃臉，讓年約三十五的馨花看起來只有二十出頭，不少常客正是因她而來。

那天傍晚，六麥順路來到 TINAMI。

「妳好。」

「啊！是六麥醫生。」

馨花露出溫柔的笑容迎接六麥。或許是為了配合北歐風格裝潢，店裡播放西貝流士的鋼琴曲。環視四周，角落的圓桌坐了一名五、六十歲的男子，他把帽子戴得很低，朝向桌上的咖啡看著手機；兩名看似大學生的年輕女孩表情嚴肅，不知在談論什麼。今天難得店裡很空，六麥坐在能和馨花直接聊天的吧檯座位，像平常一樣搭話。

「最近好嗎？」

「還可以，醫生你呢？」

「發生了一點事。」

兩人的閒聊總是從交換近況開始。

「一樣喝咖啡嗎？」

「對，還要鬆餅。」

「肚子餓啦？」

這裡的鬆餅是格子鬆餅，剛烤好的鬆餅搭配鮮奶油與冰淇淋。把冰淇淋放在熱呼呼的鬆餅上再放進嘴裡，連同偏苦的咖啡一起嚥下，真是人間美味。

「歡迎光臨。」

馨花對新來的客人打招呼，把服務客人的事交給工讀生後又過來和六麥聊天。

「前陣子這附近有國中生為了買電動刺傷行人，還上了新聞。」

「這附近嗎?·真是危險。」

「那個國中生該不會送到醫生你任職的地方吧?」

馨花知道六麥在哪裡工作，但是六麥絕對不能暴露少年的隱私。

「要是對方有智能障礙或發展障礙，可能就會送來我工作的少年院。」

「要是去了一定要告訴我。」

「不行。」

他必須遵守保密義務，不得洩漏工作所得知的少年個資。馨花雖然嘟起嘴巴鬧彆扭，其實他們非常了解彼此。儘管六麥大她七歲，兩人聊天已經無須在意上下關係。

5 回到殿知良女子學院

暑氣逐漸消散的十月第一個週末，六麥前往殿知良女子學院。從車站走向女子學院，一路上空氣澄澈，去上學的小學生也成群結隊，精神抖擻。

「六麥醫師早安。」

「早安。到了十月，天氣也涼快多了。今天門診有幾個人呢？」

「今天有三個人，另外……」

安本停頓了一下，繼續說下去：「門倉確定會在下星期回來。她平安生下一個女兒，交給母親扶養。」

「啊！那個門倉啊！原來她下星期就要回來了。母親撫養孫女應該也很辛苦，不知道她們怎麼生活？」

六麥雖然不清楚由美的事，不過曾從安本口中聽說是個有點麻煩的人物。

「對啊……聽說她在打工，現在暫時停職到小孩去上托兒所為止。」

「那也很辛苦。我記得門倉有個還在念小學的弟弟是嗎？」

「是的，所以聽說社工也介入幫忙。」

聽起來這家人一直過得很辛苦。

「門倉應該也很擔心吧！」

下星期一恭子回到女子學院，看起來有點憔悴，不過或許這才是她原本的樣子。藤森醫療少年院表示恭子產後恢復順利，所以隔天就回到團體生活了。

6 防範暴力課程

殿知良女子學院的作息時間是早上六點半起床，大家一起吃完早餐後參加朝會。朝會結束後尚未完成義務教育者去上課，國中畢業者則分成好幾個小組，分頭行動。基本上每家少年院的作息都差不多。另外，每週有兩天下午會將所有人分組，提供不同的矯正課程。

那天下午也是分組上矯正課程的時間。五名少女規規矩矩地坐在桌子前面，前方放置了黑板、白板、講桌，中堅女教官挑眉站在講桌前，看起來很像學校教室，大家是在這裡學習防範暴力課程。所謂暴力不僅是傷害他人身體，還包括言語與性暴力，為了降低少女之後虐待親生子女的風險，女子少年院的此類課程受訓對象不限於傷害事件的加害人。恭子今天也來到這個教室。

「大家好，今天我們要來上防範暴力的課。」

臺下少女微微繃住浮腫的臉龐，集中精神聽講。

「今天的主題是學習如何按捺怒氣。一起上課的成員當中有人很容易生氣動粗，在外界生活時遇上令人生氣的事情是理所當然，可是再怎麼生氣也不能動手，所以我們要來學習怎麼忍住怒氣。」

好幾名少女慚愧地低下頭。不同於大家的猜測，進入女子少年院的少女以犯下暴力傷害事件居多，國中年紀者更是多達四分之一。受害者有同學、學弟妹、便利商店店員等等，橫跨各類對象。

大家齊聲回應教官：「是！」光聽回覆可能覺得她們純樸又有心，其實多半是反射動作。

「接下來我要發『轉換想法』的講義。」

女教官冷冷地走在少女們之間發講義，接著以強而有力的口氣開始說明：「接下來我要說明這份講義怎麼填寫。大家回想一下這個星期什麼時候心情不好，把心情不好的日期、時間、發生什麼、當時的因應方式跟想法都依序寫在括弧裡。最後寫下當時的心情和強烈程度，生氣一〇〇％代表要動手揍人了。等一下先從寫好的人開始發表。」

聽到要發表，教官面前的一名少女突然提問：「教官，講義上不能寫出對方的名字嗎？」

「以前發生過寫出名字而爭執的場面，所以請不要寫在場的人的名字。」

過去曾經發生過少女在講義上批評同組成員，結果發表時演變成扭打事件。

當大家靜靜動筆書寫時，只有恭子一人東張西望，過了一會才開始填寫。教官無聲地走在桌子之間，看看大家寫了什麼。以下是恭子填寫的內容：

什麼時候？（十月十七日兩點左右）

哪裡？（走廊）

發生了什麼事？（和其他人擦肩而過時，那個人看著我的臉笑了）

那時候做了什麼？心裡怎麼想？（她瞧不起我所以笑了）

那時候心情如何？心情有多強烈？（生氣八〇%）

教官看完一輪，確認大家都寫完後說：「大家都寫好了，接下來想出三個降低怒氣的方法，加上編號，並且標示轉換想法之後心情的強烈程度出現多少變化，以百分比來表示，然後寫下當下的感想。」

剛剛提問的少女又立刻發問：「教官，我不知道怎麼寫。」

這名少女缺乏嘗試自行思考的能力。教官馬上看起她的講義，仔細指導如何填寫，卻沒有發現這個行為恰恰是在剝奪她自行思考的能力。法務教官不是教育專家，尤其年輕教官缺乏接受資深教官的周詳指導，往往以自己的做法嘗試矯正少年，這是少年院常見的光景。指導得太細，反而會剝奪他們的思考能力。

看到大家寫完後，教官接著說：「接下來請大家發表自己寫的內容。門倉寫得簡明易懂，先從門倉開始發表。」

「呃，我嗎？是……」

恭子一時驚慌失措，不過一想到自己已經為人母，立刻振作精神，走到講臺前方。教官從恭子手上接過講義，把講義用磁鐵貼在滿是筆跡的老舊白板上。

「門倉，請妳說明講義的內容。首先是發生了什麼事呢？」

恭子站在白板旁邊開始說明：「我在十月十七日兩點，和其他人擦身而過時，那個女的看著我的臉笑了。」

「她看著妳的臉笑了是嗎？」

教官重複恭子的話，確保其他人也聽得懂。

「妳看到對方的反應，覺得怎麼樣呢？那時候心情如何？程度有多強烈呢？」

恭子的臉龐強烈扭曲：「我覺得她瞧不起我才笑我，所以我很生氣，生氣程度是八〇％。」

「生氣而且是八〇％啊，就快要一〇〇％了呢！那妳會怎麼轉換想法降低怒氣呢？」

恭子維持扭曲的表情：「想法①是我決定要笑回去。」

「這麼做的結果呢？」

「結果更煩躁，生氣程度八五％。」

「這下可糟了。那第二個想法呢？」

「想法②是無視她，生氣程度會降到六〇％。第三個我沒想到。」

教官露出「這正是個好例子」的表情，對大家大聲提問：「門倉生氣的程度還是很高，有誰知道其他減少怒氣的方法嗎？」

恭子右手邊的少女舉手回答：「我有！」對方還是國中生，臉蛋和身材流露出強烈稚氣。

「那個女生真的是瞧不起門倉才笑的嗎？」

被比自己年紀小的嬌小女生提出質疑，恭子感到一道電流竄過背脊，兩耳突然漲紅發燙。

（妳在說什麼！妳這小鬼懂什麼！）

教官順著國中生的話繼續說：「妳發現重點了。門倉，妳覺得呢？」

（咦？是我錯了嗎？怎麼可能……那傢伙一定是瞧不起我！）

恭子小心翼翼掩飾心聲，反駁教官：「不，她真的是看著我的臉笑了。」

這時國中生又補上一句：「可是她真的不是因為其他事情而笑，或是回想起什麼才笑的嗎？」

（國中生懂個什麼！對前輩講話這麼沒大沒小！）

憤怒與羞恥讓恭子的臉頰熱了起來，勉強擠出回應：「這也是有可能。」

結果教官又帶給她更大的打擊：「是啊，要是真的是這樣的話，妳生氣的程度會是多少呢？」

「……五〇％。」

「真是太棒了！轉換想法，怒氣就能從八〇％降到五〇％。希望大家以後生氣時提醒自己，也許是自己誤會了。」

教官的口氣像是一開始課程就是如此安排，繼續說下去。恭子則因為方才國中小女生的發言而停止思考，無法動彈，因為只要一動，對方就會發現自己行動詭異，進而察覺到自己動搖了。她覺得自己好悲慘。

另一方面，恭子也開始想著：「村西老師瞧不起我所以指責我，因為這樣我才攻擊她的，難道是我誤會了嗎？」

7 母親來探望

課程結束後少女們回到各自的房間。恭子住的是四人房，她坐在書桌前的椅子上，面對牆壁發呆了一會，過去的記憶再次浮現在眼前。

當時她是小學四年級，和三十六歲的母親由美、五歲的弟弟翔命一起生活。

翔命有輕度障礙，不怎麼笑，又常把飯撒出來，惹得由美很煩躁。每次一把飯撒出來，由美便毫不留情地打他一巴掌：「你這個跟爸爸一樣的廢物！」或許也是對前夫的遷怒，總之一有事由美就把脾氣出在兒子身上。看著上托兒所年紀的弟弟受到母親虐待，還是小學生的恭子不知該如何是好，光是想辦法應付母親，不要遭到波及便已精疲力竭。

有一次她偶然看到母親站在弟弟背後舉起菜刀，又猛然放在砧板上。她雖然假裝沒看到，但此後看到母親的臉，胃部總是感到一陣緊縮：「媽媽其實想殺掉弟弟，總有一天那把菜刀會朝向我！」

三人生活的光景於眼前再現，栩栩如生，心中的壓迫感隨之擴大，呼吸也愈來愈急促。就在此時，教官叫了她一聲，壓迫感突然煙消雲散。

「門倉，會面時間到了。」

正當她以為可以鬆一口氣時，另一種壓迫感緊接而來——會來看她的只有母親由美，那個可怕的女人來了。

恭子隨著教官走向接見室。一般會來探望的都是家長，想會面必須事前向院方預約，但教官通常不會事前通知少年，而是等到家長真正來訪才突然告知，因為這些家長經常放鴿子，教官擔心多次期待落空會導致少年以為自己遭到父母拋棄。但是恭子的情況不一樣，她一點也不期待母親來訪，唯一的期盼是永遠不要再嘗到不知對方何時來臨的恐懼。

進入接見室，由美坐在椅子上等候，躺在懷中睡得又香又甜的是恭子的女兒**愛菜**。由美雖然稍作打扮，一頭褐髮卻顏色斑駁，沒有補染；上妝的臉龐因為出汗而浮粉；纖細的身材配上細長的手腳，踩著高跟鞋的腳步十分彆扭，就連抱愛菜的方式都教人膽戰心驚。

帶領恭子來接見室的教官陪同會面，由美絲毫不在乎外人在場，一看到女兒便大聲嘆息：「我都這把年紀了還要每天照顧小嬰兒，真是有夠累的。喂！妳來抱小孩！」

由美伸長手，把愛菜粗暴地丟進恭子懷裡。恭子笨手笨腳抱起女兒，同時窺視母親的臉色。此時此刻比起哄愛菜，她更擔心惹火母親。

「妳不趕快出來，我就不能去打工賺錢，生活真的很辛苦。」

由美只是一個勁地抱怨，毫不關心女兒生產後的健康狀況。恭子的太陽穴深處感到像是被人用力抓住的悶痛。

「哇！哇！」

愛菜在恭子懷裡突然哭了起來，悶痛也隨著哭聲更加劇烈。儘管意識朦朧，她還是嘗試哄女兒：「愛菜怎麼啦？不用怕喔！」

「給我！」

由美用力抱走愛菜，上下搖晃，愛菜依舊哭鬧，惹得她心煩氣躁。既然上下搖晃沒有效果，於是改成前後激烈晃動，小嬰兒的脖子還沒長硬，隨著由美的動作搖晃著。最後由美貼近愛菜大吼「不准哭」，然而愛菜愈哭愈大聲。

一旁的教官慌忙阻止：「這、這位太太，小寶寶是不是肚子餓了呢？」

「啊，對喔！真麻煩。」

恭子雖然是第一次看到由美如此粗暴對待愛菜，但卻一點也不訝異，平靜以待。如同之前翔命遭受的對待，母親在家一定也會對愛菜動手。

恭子只記得結束會面回到房間後一陣暈眩，等到回過神來已經在揮拳敲打牆壁，大吼大叫了。同房少女也因為她突如其來的舉動驚恐不已。

「門倉住手！」

附近教官一聲大喊，其他教官也一起進房，多名教官上前制止她。恭子的拳頭開始滲血。

「帶去隔離房。」

掌管現場的首席專門官冷靜下令，所有教官默默遵照既定手續，開始行動。

兩名教官從恭子腋下將她架住，把她帶去隔離房。

8 恐慌症發作

之後恭子也多次恐慌症發作，大吵大鬧，常被送進隔離房，發作時機以由美來探望的日子居多。六麥來女子學院看診的這天，恭子也是一大早就被關進隔離房。安本向剛來上班的六麥報告恭子的情況。

「六麥醫生，門倉似乎多半是跟母親會面之後恐慌症發作，需不需要幫她做心理諮詢或開藥呢？」

「這樣啊，妳覺得她為什麼會恐慌症發作呢？」

六麥突然想聽聽安本的想法。

「我覺得她可能是想起不愉快的往事。」

「我也認為這是原因之一，例如聽到母親的怒吼可能回想起什麼，或是擔心女兒，可是自己人在這裡也無計可施等等。加上她有智能障礙，醫界認為這種情況容易引發恐慌症。」

「為什麼有智能障礙容易引發恐慌症呢？我以為智能障礙的人感覺比較遲鈍。」

安本露出有些驚訝的表情，六麥這才發現自己得仔細補充說明。即使是醫療相關人士，還是欠缺智能障礙相關知識。

「問題出在智能障礙者缺乏應對能力。人遇上困難時如果能制定計畫，就能想辦法克服。但是智能障礙者不擅長思考，遇上問題不知所措，結果就是恐慌症發作。」

「所以門倉可能也是無法思考，所以恐慌症發作……我來泡杯茶吧！」

可能是解開了謎題，安本換上新的茶葉，把熱水倒進茶壺。綠茶的香氣傳遍整間醫務室，時間緩緩流逝。六麥立刻拿起泡好的綠茶喝了一口，繼續說道：「我個人覺得虐童的家長也常出現這種情況，像門倉的母親就給我這種感覺。門倉離開這裡之後要是遇到意料以外的事情也可能恐慌症發作，遷怒在孩子身上。雖然這只是我的推測，但是這裡的少女當中，有這種情況的人可能不少。」

「我之前沒想過用這個角度思考，不過醫生你這麼一說……」

恭子確定離開女子學院是初夏時分，距離六麥對她的分析已經過了八個月。愛菜此時一歲，恭子也滿十七歲了。

9 大學附屬醫院研究室

神立大學醫學院是六麥的母校，也是他目前隸屬的精神科研究室所在地。少年院醫官每週工作五天，其中兩天不用去少年院，可以把時間用在自主研究。六麥每週有兩天去要鹿乃原少年院，一天去殿知良女子學院，還有一天是去長期服務的公立精神科醫院當兼任醫師。此外，他也會定期回母校進行研究，目標是取得醫學博士學位。

這天和精神科的下森教授約好要回精神科研究室，報告研究進度。六麥來到醫學院時離約好的下午兩點還有一點時間，於是去研究室辦公室打發時間，那裡是所有研究室人員的共享空間。走進辦公室他先向映入眼簾的祕書輕輕點頭示意，後方突然傳來低沉的聲音呼喚他：「喔！六麥醫生，好久不見！」朝後方一看，原來是助理教授大隈坐在沙發上。大隈是六麥的學長，四四方方的臉上留著鬍子。

「好久不見。」

「最近如何？你現在在哪工作？」

「託你的福，我現在在少年院。」

大隈稍微聳起肩膀：「你還在少年院嗎？不是已經待很久了？」

「剛開始說我只要去兩年，現在已經過了五年了。」

「也太誇張了，果然沒人想去那裡。你要不要跟教授商量一下？」

大隈一副不干己事的口氣，不過他擺出這種態度也是理所當然，因為同樣是醫師，六麥在這個研究室根本不會影響到大隈的地位。六麥從大學工學院畢業後在公司行號上班幾年才轉換跑道考醫學院當醫師，相較於一開始就念醫學院的醫師，足足慢了八年之多，所以以他的年齡在醫學院已經是副教授了。原本就不可能在大學附屬醫院出人頭地的六麥，基本上不會爬得比已經當上助理教授的大隈高；加上大隈又比六麥小了幾歲，即使六麥向教授要求人事異動，對他根本無關痛癢。六麥自己也稍微感覺到大概不會有人來接任少年院醫官的工作，得繼續做下去了。

就在此時，研究室的電話響了。

「好的，我會轉告他。」

研究室祕書告知六麥通話內容：「下森教授說他的事情提早結束，你什麼時候都可以過去。」

「好，我馬上就過去。大隈醫生，我先走一步了。」

大隈是個討人厭的傢伙，於是他趕緊起身好早點擺脫對方。

走出研究室，教授辦公室就在走廊另一邊的盡頭。他先敲敲隔壁祕書辦公室的門，因為要見教授得透過祕書聯絡。

「下森教授，六麥醫生來了。」

「請進。」

辦公室後方傳來下森的聲音。六麥整理了一下衣領，朝教授的位置走去。

世上有許多教授頭銜的職位，其中又以醫學院教授的地位最為特殊。六麥還是醫學院學生時，一位體格壯碩的小兒科教授說過：「醫學院的教授要管理上百名的研究室人員，跟中型企業的社長差不多。」雖然也要看公司規模，不過確實很少有企業像醫學院研究室這樣擁有上百名充滿潛力的人才。掌握這些人的生殺大權，就是醫學院教授，地位完全不同於文學院教授。但是最近愈來愈多醫師不想進入大學附屬醫院研究室，或是隸屬研究室卻不聽從人事指令，教授的影響力每況愈下也是不爭的事實。

「不好意思，百忙之中打擾教授，這些點心還請跟大家一起享用。」

六麥從包包拿出的紙袋裡頭裝了和菓子，將它遞給教授。

「謝謝你，你每次都會帶伴手禮來，真是會做人。祕書，把這個拿過去。」

下森客氣地收下紙袋。他的動作優雅，用字遣詞有些冷淡，但是受到眾人愛戴。他把伴手禮交給祕書後開口：「對了，六麥，你現在是在哪裡工作？」

「呃……」

六麥愣了一下。研究室人手眾多，也難怪下森記不得每個人的工作情況。

「要鹿乃原少年院。」

「對對對，你在那裡待多久了？」

六麥不確定下森是真的想不起來還是故意裝傻，不過兩種情況的結果都一樣。

「我在少年院工作五年了。」

下森五年前告訴他兩年之後就會調動，看來對方是不記得了，這次大概也沒機會更換職場。

「原來已經五年了，那也差不多該考慮換人了。」

「找得到人嗎？」

「嗯，不過我也想確定你真的不想再待在少年院了嗎？」

「我已經在少年院學到很多了，差不多該換個環境了。」

六麥不禁想起之前也有過相同對話。

「那麼我再想想。你今天來找我是為了什麼事？」

六麥感覺人事異動的事又被巧妙地矇混過去，但是時間畢竟有限，他還是先從公事包裡拿出寫到一半的論文。

「我是要來報告博士論文的狀況……」

「嗯嗯，進度怎麼樣？」

提到研究的事，下森整個人都積極了起來，果然是研究的專家。他認真閱讀論文，還時不時點頭，看到圖表時低聲感嘆：「原來還有這種情況啊！」

兩人討論了一會，六麥離開研究室。看來下森對他尚未完成的論文很有興趣，同時也終於記得他希望調動到新職場。

解說

相較於收容男子的少年院，女子少年院幾乎不為人知。日本共有九所女子少年院，數量約是男子少年院的五分之一，每年收容人數則是男子的十分之一，根據二〇二一年版《犯罪白書》，該年度共收容一百三十七人。我曾經在女子少年院工作一年多，氣氛果然不同於男子少年院，大概受女教官指示，環境周遭種植了大量花草，外觀更為亮眼一些。室內結構、質感則和男子少年院大致相同，唯一不同的是散發小學教室般的黏土氣味，而不是男生的汗臭味。

來到女子少年院的少女特徵是，成為加害人之前往往是受害者。相較於違反《興奮劑取締法》的少年人數極少，違反相同法令的年少少女（十四、五歲）虞犯（根據其性格與環境，判定有犯法之虞者）卻占四分之一，年長少女（十八、九歲）也占了五分之一，虞犯少女約七成（少年約四成）曾經受虐。使用興奮劑是受到壞男人的影響，不少少女賣春是為了幫男友買興奮劑。我想長期以來周遭的人都勸過少女趕快分手，但因為男友是少數願意聆聽她們傾訴、陪伴她們的對象，地位比父母更加崇高。

女子少年院的另一項特徵是，職場環境宛如「後宮」——法務教官幾乎都是女性。女子監獄發生過短期間多名新進女監獄官辭職的事件，引發眾人關注。由此可知，以女性為主的矯正機關可能隱含特殊的人際關係壓力。此外，少女會把這些女教官視為母親仰慕，我也聽過少女之間經常為了專責教官爭風吃醋。

本章登場的門倉恭子進入女子少年院時才十五歲，卻已經懷孕八個月。少年院也會收容懷孕少女，倘若是懷孕初期，可在醫療少年院接受墮胎手術；也有人與本章案例相同，選擇生下孩子。這種時候，教官的注意力往往放在平安生產上，忽略了必須矯正少女的犯罪行為。例如恭子必須面對自己為何犯下對教師施暴的傷害事件，因此本章介紹了如何控制怒氣的矯正教育。

恭子離院後還有困難的育兒之路等著她。育兒詳情留待第五章介紹。

第3章

CHAPTER 3 MICHIHIKO

荒井路彦

概要

荒井路彥十四歲，由父親一手養大。為了造成父親困擾，趁父親不在家時於家中潑灑煤油，以打火機點火，以為只以小火告終，結果燒掉整棟房子，並殃及池魚，鄰房一名女性因而身亡。路彥智商七十三，屬於臨界智能，有認知功能問題，不擅長想像他人如何思考，反省總是流於表面。某次少年院請來縱火事件的受害者家屬演講，他才明白縱火事件破壞他人人生，進而反省改變。

路彥造成的損害由父親勝一負責賠償，離院後他和父親一起去工地工作。同學莉子因為他一時縱火而失去祖母與自家，卻反倒以豔羨的眼光凝視這對父子。

1 路彥家的餐桌

荒井路彥與父親勝一面對面用餐，兩人從頭到尾不發一語，只有咀嚼的聲響與碗盤碰觸的聲音不時響起。吃完飯後，勝一靜靜地離開餐桌，把碗盤粗魯地扔進水槽。

「我出門了，你十一點要乖乖上床睡覺！」

說完後用力關上廚房的門。

父子倆究竟多久不曾好好聊天了呢？路彥並不想知道父親去哪裡，反而很高興他出門，反正不到早上他不會回來。但是這種日子究竟還要過多久呢？雖然父親出門的時候比較輕鬆，但是路彥已經厭倦了這樣的生活。

時鐘短針指向深夜一點。父親出門後，路彥一直穿著外出衣服躲在被窩裡。父親還沒回來，他於是戴上眼鏡，從被窩鑽出來。他喝了一口寶特瓶的水，走出一樓玄關，前往車庫角落的小型儲藏室，靠著微弱的光線打開儲藏室的門，伸手就摸到煤油桶的握把。他用右手舉起煤油桶，確認重量後直接拿起，帶進廚房。

他莫名興奮，想著接下來生活會出現改變。他用顫抖的手轉開煤油桶蓋，傾斜煤油桶，把煤油倒在廚房地板上，廚房飄散著熟悉的煤油氣味。他幻想著父親為此煩惱，含著淚向自己道歉的模樣，並且沉醉在想像中。接著他把事前準備好的報紙捲成長條狀，拿出口袋裡的打火機。

「砰！」

打火機的點火聲在寧靜的深夜格外響亮。路彥對著報紙前端點火，輕輕放在地板上，火立刻燒到地板，彷彿溫暖了平常與父親的空虛生活。

（反正馬上就會熄了！）

路彥走向玄關，頭也不回地走出家門。大半夜沒什麼地方可以去，他走向離家兩百公尺左右的便利商店，半途回頭張望，並沒有發現異狀，心想：「火果然熄了。」

走到便利商店時，本來有點猶豫要不要走進去，看到今天只有一個外籍店員便放心了。他先是悠悠哉哉地晃了一圈，看看飲料架，接著在書報區前停下腳步，隨手拿起雜誌翻閱。他平常根本不會拿起雜誌，今天卻莫名想讀點什麼。深夜來到便利商店也是很新奇的體驗，心情格外舒暢。

正當他想拿起下一本雜誌時，聽到外面傳來交頭接耳的聲音，最後猛然傳來一聲：「失火了！」沒多久消防車警報聲打破深夜的寧靜，響遍四周。

（咦？該不會……）

聽到警報聲，路彥走出便利商店望向自家方向，發現黑煙如骯髒的烏雲從家中冒出，不時摻雜著紅色的火焰，黑煙似乎還飄到鄰居家。他感到自己的臉開始僵硬。

2 進入要鹿乃原少年院

六麥在少年院醫務室閱讀路彥的檔案：

荒井路彥（十四歲）為了造成父親（荒井勝一，四十五歲）困擾，趁父親外出時在廚房灑煤油，以打火機點火，燒毀自家。火災波及鄰房，導致鄰房全毀。鄰房女性（八十五歲）逃離不及，因而死亡。

路彥的父母在他兒時離婚，之後由父親撫養長大，家境清寒。上國中後由於成績不理想，開始遭到父親體罰。為了逃離父親，並且造成父親困擾，趁他外出時在廚房灑煤油放火，當時以為最多只是小火。

診斷：疑似自閉症類群障礙。

智商：七十三。

「這次是縱火嗎？」

背後傳來綠川的聲音：「即使之前沒有前科，縱火一次就會移送少年院。」

「是啊，因為事關重大，這次的縱火事件也造成一人死亡。」

「想逃離父親不用縱火啊，偷偷摸摸逃走不就得了嗎？」

這孩子要是做得到就不會造成事件了，該如何解釋他的行為呢？

「話是這麼說沒錯，但是他當初可能只是想稍微造成父親的困擾，沒想到事情會變得這麼嚴重。」

「跟自閉症類群障礙有關嗎？」

「目前只是疑似，還不確定是不是自閉症類群障礙，我反而認為主因是智商問題。不只自閉症患者，來到這裡的孩子大多不擅長想像前因後果。」

過了一會，有人敲了醫務室的門。

「六麥醫生，不好意思打擾，荒井路彥來了。」

教官帶領荒井路彥來看診。站在門前的是一名一臉歉意的少年，身高約一百六十公分，少年院的制服寬寬鬆鬆地掛在他身上，已經剃光的腦袋像是放在制服上。

「謝謝你來這一趟，請坐在這裡。」

聽到醫生對自己講話，路彥先是嚇了一跳，眼神游移，看到六麥的臉和眼前的椅子才輕輕坐下。路彥有一對招風耳，黑框小眼鏡的鏡腳深深插在腦袋兩旁，他配戴的可能是遠視眼鏡，鏡片後方東張西望的眼睛顯得格外巨大。

「你就是荒井嗎？我是精神科醫生六麥。今天找你來檢查不是因為你生了什麼病，凡是來到少年院的人都要進行這項檢查，所以你不用擔心。我想先請教你來到這裡有什麼感想嗎？」

「還可以。」

現在聽到少年脫口而出這種不帶情感的回答，六麥已經無動於衷。

「有什麼需要幫忙的地方嗎？」

路彥的腦袋左搖右擺，思考了一會：「現在沒有。」

因為初來乍到，才會想不到吧？之後六麥又問了幾個必問的問題，路彥總是無精打采地回應，沒多久愈來愈沉默，似乎覺得很無聊。六麥於是換個方向提問：「那麼你覺得自己有什麼缺點呢？」

矯正教育的重要項目之一是回顧人生與性格，以現在作為起點，掌握來到少年院前對自己的了解程度。

「我的缺點嗎？我想是做事不夠謹慎。」

「比如說呢？」

「這次的事件等等。」

「這的確是一個例子，你從以前就是這樣嗎？」

「對，我從以前就常常是一時衝動就做了。」

從回答的口吻可以感覺到他絲毫沒有反省之意，本來以為他會因為縱火波及他人而自責沮喪，看來是誤會，但是如果馬上說出反省的話，反而也很可疑。更生的關鍵在於透過少年院的生活改變當事人面對事件的態度，至少他目前知道自己做錯事了。

「那麼你的優點呢？」

「我很溫柔。」

六麥本來在寫病歷，聽到這句話瞬間停下手邊動作。少年院裡很多少年主張自己很溫柔，但六麥還是第一次聽到害人喪命的少年說自己很溫柔，出乎意料的答案令他不知該如何回應。

「……你覺得自己什麼地方很溫柔呢？」

「我對人很溫柔。」

「原來如此，例如對誰呢？」

「我對老人跟小孩很溫柔，朋友也說我很溫柔。」

六麥控制語氣，好問出下一題的答案。

「這樣啊，話說你是因為什麼事件而來到少年院的呢？」

「縱火。」

「你縱火之後發生什麼事呢？」

六麥等待對方回應，都說到這個份上總該有自覺了吧？

「有一個老人家來不及逃生過世。」

「所以你縱火導致有人失去生命。」

「是。」

原本東張西望的路彥垂下眼睛，盯著桌子一動也不動，像是惡作劇被發現的小孩。六麥又加了一句：「這樣你還會說自己很溫柔嗎？」路彥瞬間發現問題的真正用意，頓時視線往上，瞪大眼睛，面紅耳赤地發出無聲的笑：「我一點也不溫柔，我差勁透了。」

此時六麥覺得所有事情都說得通了。不點明到這個地步不會發現自己有錯，代表一般人眼中認為是衝動行事的縱火，對他來說其實是很正常的行為。六麥覺得自己終於開始了解路彥至今的人生。

「今天檢查就到這裡告一段落，三個月之後要再檢查一次。」

「謝謝醫生。」

路彥一走出醫務室，六麥莫名想和綠川聊天：「他講話方式像是一切都不干己事，難怪少年鑑別所會懷疑他有自閉症類群障礙。」

「但是荒井為什麼這麼不了解自己呢？」

綠川方才在一旁觀察六麥和路彥的對話，似乎也心生疑問。他端來泡給六麥的咖啡。

「你是說他認為自己很溫柔嗎？想要正確了解自己，需要具備正確掌握對方反應的能力。」

「這是什麼意思呢？」

六麥接下綠川手中的咖啡，繼續為期待答案的綠川說明：「例如聊天時對方一直笑笑地看著自己，你會感覺對方喜歡自己；對方一直氣呼呼，你會感覺對方討厭自己。大家都是透過這樣的反應來了解自己跟他人的關係。但是如果對方在生氣，你卻以為對方在笑；或是對方在笑，你卻以為對方在生氣，代表無法接收正確的訊息。」

「我之前好像在哪裡讀過一段話，所謂『自我評價是在和他人的關係之中所建立的』。」

「對對對，所以有發展障礙的人沒辦法和他人建立正常關係，也很難了解自己究竟是什麼樣的人。」六麥把綠川泡的濃咖啡含在嘴裡，整理思緒。

「所以不提醒他自己做的事情間接害一個人過世，他就無法察覺自己是什麼樣的人，感覺問題很難解決呢！」

「是啊！教育這樣的少年很困難，矯正局現在提倡採用『受害者觀點教育』或許會有效果。」

綠川也聽過這種矯正教育，不過還沒見過少年實際接受的情況。

「原來如此，引進受害者的觀點，促使少年正視自己的罪行。」

「過去的矯正教育是敦促少年反省，現在則是從受害者的觀點來分析罪行，我覺得這種做法應該可以打動他們。」

六麥淡淡看了一眼路彥的病歷。

3 宿舍生活

路彥在少年院過起團體生活。用餐時，大家必須坐在朝向窗戶並排的桌子前安靜吃飯，不得談天說笑。吃完晚飯後也是坐在同樣座位等待教官發報紙或雜誌，大家輪流傳閱，但由於等待者眾多，每個人多半是大略翻閱一下後馬上傳給下一個人。

「嘖！教官，報紙一直沒傳過來。」

一名少年發出不滿的聲音，向教官舉手，附近的其他少年也立刻瞪視路彥，因為他一個人長時間霸占報紙。

教官發現後破口大罵：「荒井！後面還有人在等！報紙看了就趕快傳給下一個人！」

「啊！抱歉。」

他頭也不回地把報紙往後傳，一副若無其事的樣子，其他少年又不耐煩地嘖了一聲。

早上盥洗時間也出現類似情況：雖然每個房間都有專用洗手臺，水龍頭畢竟只有一個，所以同住的六名少年必須互相禮讓，學會禮讓也是矯正教育的內容之一，但路彥總是第一個跑去用洗手臺，再慢條斯理地刷牙洗臉，導致後面總是排了一群氣呼呼的室友。

4 住在隔壁的同學

莉子目前就讀國中三年級，六年前，也就是小學三年級的時候搬到現在這個家。在此之前，她和祖母清子、父親昌平、母親美沙子一起住在隔壁町的父親老家。後來昌平升上課長，加上弟弟出生，老家空間不大，因此在目前居住的町買下這間獨棟房子。雖然是二手屋，外觀卻是時髦的西式建築，又有好幾個房間，全家人都非常滿意，清子還幫忙出了一部分的購屋資金。昌平想著總有一天要邀母親一起同住。

昌平年幼失怙，也沒有兄弟姊妹，母親是他從小到大的唯一親人。由於他和妻子兩人都在工作，一直獨自住在隔壁町的清子有時會來昌平家，代替遲歸的夫妻照顧孫女莉子。清子年輕時是老師，對兒子管教嚴格，希望他將來自立自強，出人頭地。而昌平也因此一路升學順遂，考上知名國立大學，進入當地大型製造商工作。

「爸爸今天能上國立大學又能進現在的公司工作，都是因為奶奶嚴格教導我。

妳也請奶奶教妳念書吧！」

昌平打從女兒還小的時候就經常激勵她要用功念書，清子則認為「女生不用上太好的大學，學歷剛好就好」，所以從來不逼迫孫女念書。莉子也很喜歡從小就常陪自己玩花牌的奶奶，時常把「我喜歡老人家，將來想從事長照的工作」掛在嘴上。

昌平雖然為孝順奶奶的女兒感到自豪，卻也希望她能像自己一樣進入大企業工作，所以有事沒事就拜託母親勸快要考高中的女兒多念書，而母親總是笑著矇混過去。他終於了解人年紀大了想法也會改變，原本嚴格教育自己的母親現在居然如此溺愛孫女。

兩年前，也就是清子八十三歲時在自家浴室跌倒，導致大腿骨折，難以行走，昌平藉機邀請母親同住。清子原本就經常來昌平家過夜，媳婦美沙子也和婆婆感情很好，家裡更是準備了給清子的房間，於是很自然地住在一起。

莉子家隔壁住的是國中同學荒井路彥與其父勝一。路彥家又小又老舊，晚上也不會點亮戶外的燈。莉子搬來時才念小學三年級，早上和路彥一起排路隊上學。路彥沒有媽媽，每次都穿同一件衣服，經常忘東忘西，集合時間總是遲到，害大家等他一個人。看著沉默寡言的路彥不怎麼和朋友打鬧玩耍，莉子覺得他很可憐。

美沙子曾當著莉子的面說起路彥家的事：「隔壁家的路彥好可憐，還這麼需要大人照顧的年紀卻沒有媽媽陪在身邊……」

「我們才沒空去管別人家的事！」

昌平打斷妻子的話，似乎是看勝一不順眼。昌平夫妻剛搬來時曾去荒井家打招呼，恰巧遇到下班回家的勝一。他身穿髒兮兮的工作服，臉龐與雙手都沾滿煤灰，面對前來打招呼的昌平夫妻，口氣非常冷淡：「之前隔壁家不是什麼好東西，一下在庭院烤肉，一下又吵吵鬧鬧到大半夜。我一大早就要去上班，常去大罵他們。孩子的媽不在，我不但要工作，還要照顧兒子。」擺出一副要別人乖乖安靜的態度。

美沙子低聲說了一句：「您太太不在嗎？」

勝一一聽，馬上激烈回應：「那傢伙是我休了她！」

美沙子慌忙改變話題：「這、這樣啊！令公子和小女好像是同學……」

「喔，那以後請多多指教。」

說完便轉身回家，似乎覺得和鄰居交談很浪費時間，昌平自然對荒井家沒有好感。

勝一每天早上穿著骯髒的工作服，嘴裡叼根菸，開著輕型卡車去上班，反觀身材高䠷的昌平則是西裝筆挺地去公司，兩人生活的世界有如天壤之別。

美沙子和另一邊的鄰居太太交情很好，所以聽到很多荒井家的傳聞。莉子即將升上國中之際，從母親口中聽到路彥沒有媽媽的原因：路彥母親似乎因為勝一貪杯，在兒子上小學前離家出走，此後路彥天天無精打采，幾乎不和父親交談，但學校舉辦運動會時，勝一似乎會做便當給兒子加油。離婚這個沉重的字眼嚇得莉子渾身打顫。她最喜歡母親，每天都會和母親分享學校和朋友的事，根本無法想像沒有母親的生活。

儘管上同一所國中，莉子和路彥就算遇上了也不會打招呼。

「你考這是幾分！這樣以後要怎麼在社會上生存！」

荒井家有時會傳出怒吼聲，接著是疑似路彥的抽泣聲。莉子一方面很慶幸自己不用受到父母如此對待，卻也不禁同情起路彥。

這種日子一天過一天，轉眼間莉子升上國三，逐漸習慣新的班級。

5 火災

「失火了！大家起床！」

像是炸彈般的聲響劃破深夜的寧靜。莉子從床上跳起來，從父親的吶喊中感受到前所未有的恐懼。她抱起才剛滿五歲的弟弟，連衣服也沒換就踢開門，從房間飛奔而出。此時白煙已經微微飄到走廊上。

「莉子！這裡！」

她憋住氣，拚死跟在媽媽身後，衝出玄關。

昌平確定美沙子和兩個孩子平安無事逃出來後衝回家中，打算救出睡在一樓後方和室的母親。家中後方隱約傳來清子的呼喊，然而一股猛烈的熱風突然吹到昌平臉上，他瞬間無法動彈。他反射性地在內心對自己喊話：「我得活下來才行！」還重複了好幾次。等到他回過神來已經逃出屋外。

莉子在外頭等待時看不見父親身影而惴惴不安，轉眼間父親從家中飛奔而出，睡衣上沾了好幾個火星。昌平看著已經化為火海的房子說：「媽媽，對不起……」莉子頓時領悟父親話中的意思。

「奶、奶奶……」

昌平望向隔壁房子，發現火舌是從荒井家竄出，隨風飄來自己家。

「都是那傢伙害我們遭到池魚之殃！」

昌平夫妻和孩子們茫然望著自家。儘管耳邊傳來消防車警鈴的巨響，熊熊大火已經完全吞噬了尚未逃出的清子。

6 清子的喪禮

火災過後幾天，莉子一家為享年八十五歲的清子守靈。身穿喪服的親人與清子的朋友、過去的學生紛紛前來悼念。一般棺材上設有小窗讓眾人瞻仰故人，然而由於遺體損傷嚴重，小窗緊緊關上。

「聽說是一個國中生縱火害的，真是太可憐了……老太太那時候一定很燙、很痛。」

莉子和母親一起坐在第一排，感到周遭的聲響異常響亮，親戚安慰家屬的話聽起來也格外大聲。

守靈之前，莉子就就從父親口中得知縱火的是國中同學路彥，本來就因奶奶過世大受打擊，聽到縱火兇手的名字更是雪上加霜。

後方不知是誰在討論：「都已經燒死了，還要火葬嗎？」

「不然屍體放不進骨灰罈啊！」

「被燒兩次好可憐。」

火災之後，昌平一家暫時住進公司宿舍。過了一個月，昌平在報紙一角看到關於事件的報導：

「位於〇縣〇市的兩棟住宅遭遇祝融之災，完全燒毀，事後現場發現一具屍體。〇〇家事法庭判處縱火的國三少年（十四歲）裁定交付保護處分，移送初等少年院。」

昌平忍不住大喊：「他都殺了人了還交付保護處分！」

美沙子聽了也湊過去看報紙：「真的耶……那個孩子會受到保護嗎？」

「這下子受害者只能自認倒楣了。」

昌平與美沙子在事件之後從家事調查官口中得知路彥要移送少年院，但是他們不知道保護處分即代表移送少年院。

看著父母的反應，莉子心情很複雜。她每天從父親公司宿舍搭電車去上學，下課後直接去補習班，回到家已經是晚上了，有時會在回家路上的鬧區外圍道路工程工地看到勝一埋首於工作，渾身沾滿泥土。

勝一曾經帶著慰問金主動登門向昌平家道歉，昌平在對講機另一頭直接表示拒絕見面，此後勝一再也不曾出現，但這反而讓昌平更加憤怒：「房子還可以靠保險，奶奶的賠償金一定要逼他拿出來！」莉子經常聽到父親動不動就把這句話掛在嘴上。

關於賠償等兩家之間的交涉是交由代理人負責，莉子無法想像父親會要求多高的金額，而且想到要是自己的爸爸為了賠錢得工作到深夜，反而對勝一抱持同情。奶奶的確是因為路彥縱火而死，但是想到過去半夜經常聽到勝一怒罵、看到路彥每天早上愁眉苦臉地去上課，加上之後要移送少年院，罪行會一輩子烙印在他身上，莉子十分痛心。

7 父親來會面

路彥進少年院一個月後，教官通知有人來探望他。

「荒井，今天有人來看你。」

路彥的心頭忐忑不安，會來見他的人只有父親勝一。

他隨著教官走進接見室，只見一個滿頭白髮的陌生男子背影，看似五、六十歲，他頓時停下腳步，心想：「這個人是誰？」當他走到對方正面，看見曬成紅黑色臉龐的瞬間，才意識到原來是父親。

「好久不見，你在少年院有乖乖的嗎？」

路彥印象中的父親沒有這麼多白頭髮，也沒曬得這麼黑。面對判若兩人的父親，他感覺到對方背負了沉重的擔子。勝一儘管臉龐曬得像是燙傷，眼睛還是炯炯有神。

「嗯，還好。」

在教官陪同下，兩人在桌子兩旁面對面坐下。路彥害怕得無法正視父親，一直低著頭，就算有時抬頭，也無法和父親四目相對。

「嗯，你要照顧身體，不要感冒，乖乖聽教官的話。我等你，你要早點回來。」路彥點頭歸點頭，整場對話除了勝一的聲音，只有「嗯」和「啊」。看到兒子幾乎沒有反應，勝一也漸漸低下頭來，陷入沉默。

陪同教官看不下去，對兩人開口：「路彥爸爸不用擔心，路彥在這裡很乖很認真，以後就交給我們吧！」這句話似乎促使勝一下定決心。

兒子在其他教官帶領下回到宿舍後，勝一開口詢問方才安慰他的教官：「我想向精神科醫師請教一些關於路彥障礙的事，我可以和醫生見面嗎？」

「好，我不能跟您保證，但是我可以幫您問問看醫生方不方便。」

六麥聽了教官的話，二話不說便答應了：「好，我願意和他見面，我本來就想見見對方。」

很少監護人會主動要求見醫生。對於六麥而言，了解路彥是在什麼環境下成長更能深入理解他的心境。他走向接見室去見勝一。

「您好，我是精神科醫師六麥。」

「醫生，謝謝您百忙之中抽空見我。」

六麥一走進接見室，看見一名男子頭垂得很低，頭上白髮顯眼，皮膚曬得斑斑點點，還以為是路彥的祖父來了，記得資料上寫著路彥的父親才四十五歲左右。六麥的直覺告訴他，這位父親不是沒常識的家長。

移送少年院的孩子多半遭受父母虐待。這些家長通常充滿攻擊性，強烈主張自己的權利，例如抗議院方沒有事前徵詢家長的意見就讓子女接受精神科檢查，在奇怪的地方堅持己見，或是口口聲聲說會來探望孩子卻老是放鴿子，還有暴力傾向、沉溺於酒精、吸毒，甚至失蹤不知去向等等，看到這些家長，會覺得少年犯罪也是理所當然。但是勝一在六麥眼中不同於那些家長，是位誠懇的父親。

「別這麼說，您特意來到這裡見路彥才辛苦。我們馬上進入正題，您有什麼事情想問我呢？」

「是這樣的……路彥收容期間結束回到家之後，我應該怎麼跟他相處呢？離婚後我努力照顧兒子，希望他不會因為沒有母親而覺得低人一等。上國中前我們感情還不錯，上了國中後他突然不再跟我說話，加上他只要考不好，我就會忍不住動手。這次他惹出縱火事件，少年鑑別所告訴我，他可能有發展障礙，我聽了很驚訝。對方還說可能是因為我對待路彥的方式有問題，才把他逼成這樣……」

六麥聆聽勝一傾訴時，發現對方皺紋深處還有部分白色肌膚，看來紅黑膚色是最近曬出來的。發現這點後，他的用字遣詞更加慎重：「這個問題很難回答，這裡多數家長都跟您抱持相同想法，大家一路以來都是為了孩子的幸福而努力，不懂孩子為什麼會犯罪。周遭的人則是責怪他們教養方式不當，或是不夠愛孩子，每個人都很難過。」

勝一聽了泫然欲泣，像是終於證明自己清白的嫌犯。自從路彥縱火以來，每個人都責怪他。

「大家都跟我一樣嗎？我一個人努力養育兒子長大，但是怎麼做都不對。接下來究竟該怎麼辦才好呢？」

「我想先從了解令郎的性格開始，再來一起思考如何應對。」

「謝謝您，那我來看兒子會比較好嗎？」

「您怎麼會這麼問呢？」

「我來會面，他什麼也不說，我以為他不希望我來。」

就連勝一也受不了兒子不理不睬的態度，以為連兒子也怪罪他。

「我想他在這裡應該很不安，就算他什麼都不說，您來還是比不來好。但是您工作一定也很辛苦，太勉強自己會搞壞身體。」

「謝謝醫生關心，我會盡量來，不過不賺錢就付不出賠償金，我一定得工作。」

自家因為大火毀於一旦，光是重建生活便已經花光勝一所有積蓄，連日常生活都過得很辛苦；又因為路彥縱火，大家都質疑他管教兒子不周；收到受害者家屬要求賠償通知，賠償金額高到徹底打垮勝一的精神與生活。

8 家庭講座

教官對少年們說明：「今天的講座是要學習跟家人的關係。」

今天負責講座的新田是資深教官，他認為現在的少年和以往大不相同，老是抱怨現在的小孩比以前更難教。

馬上有人開口問：「講座要上什麼？」

「這裡有很多人都是因為跟家人處不好而誤入歧途，所以要學習怎麼跟家人和睦相處。」

另一名神色平靜的少年接著說：「教官，我一出生就沒有家人。」

「這種時候可以把安置機構的老師當作家人。」

「教官，我之後要跟十年沒見的媽媽會面，但是我根本不知道該說些什麼，好緊張。」

大家你一句我一句，新田照老樣子重新導回正題：「問題先到這邊告一段落，有問題的人晚一點再來跟我商量。講座時間有限，我們馬上開始。今天要請大家以家人為主題畫畫，等一下發圖畫紙下去，只要跟家人有關都行，內容可以自由發揮。」

拿到圖畫紙後少年們紛紛埋首畫畫，看到大家終於安靜下來，新田於是走進各排之間，看看大家都畫些什麼。其中一幅畫讓他直冒冷汗：少年一家五口遭到砍頭，頭顱拋棄在荒野曝曬，每顆頭顱都瞪大眼睛，張大嘴巴，看來砍頭應該發生在一瞬間。他覺得自己窺見了少年深不可測的陰暗面：「難道他過去曾經遭到家人殺害嗎？那他就不可能坐在這裡了……」

新田深呼吸一口氣，開口詢問：「你畫的是什麼啊？」

母
媽媽
おとうと
弟弟
いもうと
妹妹

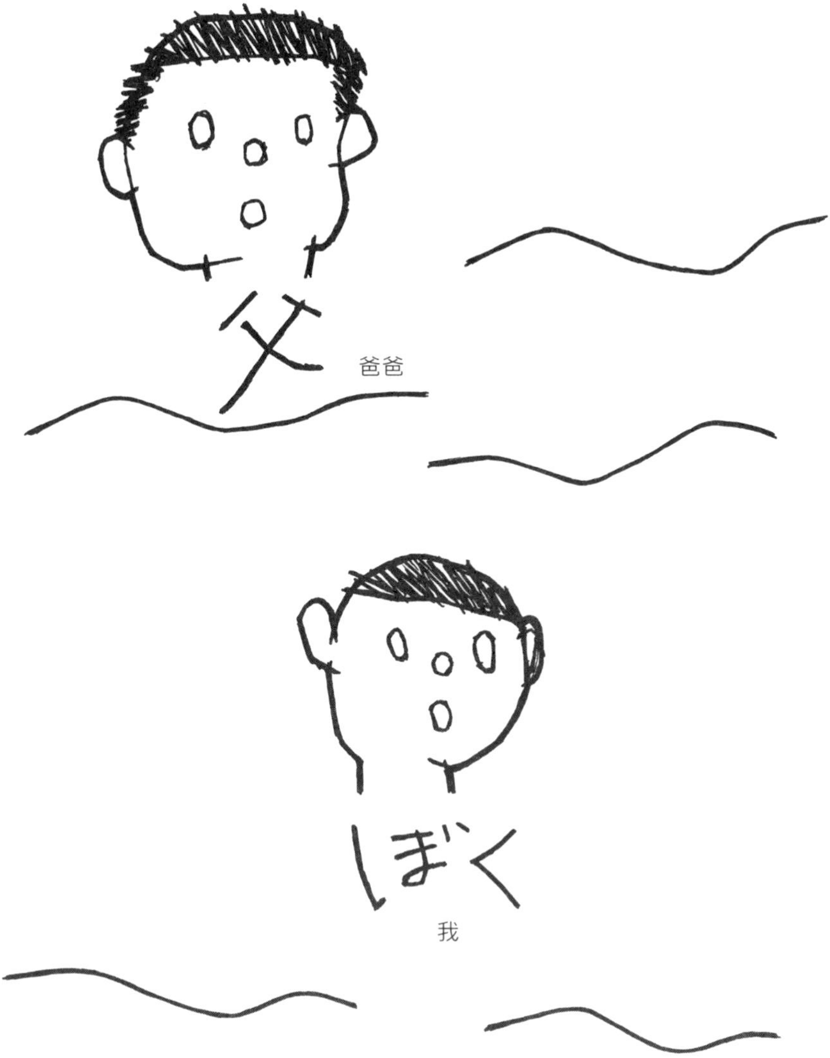
父
爸爸
ぼく
我

「這是我跟家人去泡溫泉。」

新田以為的荒野其實是水波，那些波浪狀的線條代表溫泉的水面。

「這、這樣啊？原來是大家一起去泡溫泉……」

新田感覺自己臉龐熱了起來，心想：「原來這是他們眼中的世界……」這幅畫又以不同角度告訴他，這些智能障礙少年的認知能力問題實在根深柢固。

路彥在旁邊也畫得很認真。畫紙上是他和父親坐在餐桌兩頭用餐，餐桌極長，一望即知父子倆心靈距離遙遠，桌上唯一醒目的是大碗米飯。

新田心想：「好寂寞的餐桌，荒井是在廚房縱火，所以連跟父親一起用餐也是痛苦的回憶。請六麥醫生瞧瞧這幅畫吧。」講座結束後帶著路彥的畫前往醫務室。

9 路彥再次接受檢查

路彥來到這裡已經三個月，今天是接受定期檢查的日子。六麥則在醫務室看著新田帶來的畫，心想：「要想辦法讓荒井跟父親和好。」

傳來敲門聲的同時，醫務室的門緩緩打開，教官探頭進來：「不好意思打擾了，我把荒井帶來了。」

六麥請路彥坐在診間的椅子上：「荒井，請坐在這裡。」

「你已經來了三個月，所以今天請你來接受定期檢查，不是因為你有什麼問題，不用擔心。首先你來這裡之後覺得自己有什麼地方改變了嗎？」

路彥表情僵硬，像是在生氣：「我才剛來三個月，沒有哪裡不一樣。」

「那麼你覺得自己哪裡成長了嗎？」

聽到這句話，他的表情放鬆了：「念書變得有趣多了，我進來之前一直被爸爸罵成績很爛。」

果然聽到正面的話題，路彥心情也會變好。

「念書變有趣是件好事，你現在算術練習的進度到哪裡了呢？」

「現在練到小五的算術題，大家都說我是天才。」

六麥再次凝視路彥露出得意微笑的臉龐，但他實在無法用這件事誇獎對方，增強他的信心。路彥已經是國三的學生，照理來說要會算二次方程式、因式分解、畢氏定理等等，但是在少年院，光是會小五的算術就會被大家當作天才，即使在少年院成為模範生，但這裡的所學出了社會根本派不上用場。六麥可以輕易想像他出了社會立刻遭遇挫折的模樣，想到這裡，每次檢查都會浮現的憂慮再次縈繞心頭。

（**我們在這裡做的努力或許都沒有意義……**）

六麥進入正題，希望找到其他成長的地方。

「你現在對當初自己縱火有什麼想法呢？」

「我做了無可挽回的錯事。」

路彥這次回答也是毫不遲疑，從回答速度實在聽不出任何悔意。

「你現在覺得當初為什麼會縱火呢？」

「爸爸對我家暴，我壓力很大。」

「為什麼有壓力就要縱火呢？」

「我想這樣爸爸就會發現我壓力很大。」

這幾題也回答得乾脆俐落，毫不猶豫，像是事前練習過。

「難道沒有其他辦法讓爸爸發現你的壓力嗎？」

「我那時候沒想到。」
「你對受害者有什麼想法嗎?」
「我覺得很對不起他們。」
受害者聽到這句話會覺得路彥徹底反省了嗎?任誰聽了都感覺不到吧!六麥又轉換話題。
「對了，你爸爸來看你了吧?見面之後你覺得怎樣?」
「沒什麼，就那樣。」
「爸爸對你說了什麼呢?」
「他叫我要乖乖聽教官的話。」
六麥感覺再繼續問下去，路彥恐怕會覺得精神科檢查是件不愉快的事，於是就此告一段落，而且他自己也累了。
「我們今天就檢查到這裡。」
六麥起身打開醫務室的門，用在外頭等待的教官也聽得到的音量對路彥說:
「今天到這裡結束，要是有問題隨時可以來找我。」
教官聽到這句話起身對路彥說:「荒井，我們回房間。」路彥在教官的帶領下回到六人房。

綠川似乎感受到六麥很疲倦，立刻向他搭話：「荒井的反應怎麼樣？」

「嗯……他口頭上像是在反省，但是感覺很流於表面，對父親來看他的反應也很平淡，看來一直沒感受到父親的關心。我之前也跟荒井的父親談過，他很認真為兒子著想，是位負責的家長。」

「賠償金額應該很高，荒井的父親可辛苦了。」

六麥把咖啡機裡剩下的少許咖啡倒進杯子裡，慢慢含進口中。咖啡水分有些蒸發，散發焦臭味，這正是目前他需要的滋味。聽到綠川提到賠償金額，他又想起勝一皺紋深處的白色肌膚。

勝一正職工作結束後繼續去夜間道路工程的工地工作。莉子補習班下課回家時已經超過晚上八點，今天也從遠方凝視勝一工作的身影。

六麥隔天前往六人房宿舍，確認精神科藥的藥效。雖然也可以請少年來醫務室，但是人數多的時候與其請教官一個一個帶過來，不如直接去宿舍比較快。他在走廊上走來走去，依序詢問少年服藥情況時，發現路彥坐在房間深處盯著窗外發呆，時而露出賊笑。回到醫務室，綠川端來咖啡：「六麥醫生，咖啡泡好了。」

「謝謝你。」

綠川泡的咖啡總是咖啡粉較多較濃，在少年院這樣氣氛沉重的地方，反而是轉換心情的良好刺激。

「受害者家屬一定很恨荒井！」

「因為是自己的家人，這也是在所難免。我們的工作是要讓荒井打從心底反省，今後不再重蹈覆轍，不過他似乎一直搞不清楚狀況。」

「醫生你之前說的受害者觀點教育會有效嗎？」

「院方邀請了一位巡迴全國少年院的受害者家屬來演講，不知道荒井到時聽了會做何感想？」

10 受害者家屬來演講

西本亞矢子在演講當天下午來到要鹿乃原少年院，這已經是她今年第三次來到少年院演講。成為人母後，多多少少開始了解自己母親當年的心情，於是她在十年前滿三十二歲之際，下定決心要向社會大眾分享自己的經驗，傳述當年母親的心聲。然而不管演講過多少次，她還是不習慣在人前說話，每次演講時，母親痛苦悲傷的表情總會浮現在眼前，演講結束後格外疲倦。

亞矢子搭了一個半小時的特急列車抵達距離少年院最近的車站，年輕職員身穿整齊筆挺的制服前來迎接她。搭乘職員駕駛的汽車抵達少年院時，總務課課長河里已經站在玄關等候，立刻帶領她前往院長室。

「西本老師，我們非常期待您大駕光臨，謝謝您不辭千里而來。」

北田院長笑咪咪地迎接亞矢子，看來已經從其他少年院聽到講者的口碑。

「不會不會，我才要謝謝您給我這個寶貴的機會。」

「您經常巡迴全國演講嗎？」

亞矢子回答得很客氣：「最近的確常常有少年院找我去演講。」

「今天大家都很期待西本老師的演講。」

亞矢子不討厭對方稱呼自己「老師」，但是難以接受自己不過是分享經驗就被尊稱為「老師」。

「不好意思打擾了。」

總務課的女教官端了茶進來。

「這裡有女性教官啊？」

「有是有，不過她們不會直接接觸少年。」

「為什麼呢？」

亞矢子好奇心旺盛，既然難得來一趟，能多學一些是一些。

「因為那些少年看到女性會很興奮。」

「我大概能理解，不過像我這樣的中年婦女就不用擔心了。」

「沒這回事，有些少年只要對方是女的都好……」

一聽到北田的發言，女教官慌忙阻止：「院長這樣講太失禮了啦……對吧，西本老師！」

「啊！不好意思，我一時說過頭。」

看來亞矢子不是北田喜歡的類型。

「沒關係的。」

和院長聊天正巧舒緩演講前緊張的情緒。看到北田因為失言而表情緊繃，河里瞄了一下手錶，打斷談話：「不好意思打擾大家，院長，時間差不多了。」

「西本老師，今天演講再麻煩您了，我也會到場聆聽。」

亞矢子在刻意大聲的招呼中起身，隨著河里前往當天的演講場地體育館。

演講是從下午一點半開始，在那之前少年們早已全體在體育館集合，在大批教官的監視下乖乖坐在排成格子狀的鐵椅上，挺直背脊，默默等待講者到場。過了一會，體育館後方傳來一陣拖鞋腳步聲，原來是亞矢子在河里帶領之下走進體育館。場內散發八十人份的熱氣與汗臭，亞矢子卻不為所動，緩緩走上講臺階梯。

今天演講的司儀是新田。

「這位來賓是今天朝會上跟大家提過的西本老師。大家等一下要乖乖聽西本老師演講，想一想因為自己而受害的被害人現在是什麼樣的心情。有請西本老師。」

聽到新田鼓掌，少年與其他職員一併鼓起掌來，路彥也在眾人影響下恍惚地看著講臺上的亞矢子拍手。亞矢子調整了幾次麥克風後面對少年，環視體育館一圈，開始演講：「大家好，我叫西本亞矢子。初次見面，請多指教。今天我想跟大家分享我媽媽的故事，希望這個故事能吸引大家聽到最後。」

她緩緩向大家點頭致意後重新開口：「其實我小的時候很討厭媽媽，因為她臉上有一個很大的黑色疤痕，而且她天生身體不好，行走不方便，要常上醫院，臉上的疤痕也是與生俱來的。她走路總是一跛一跛的，所以一起出門時我都跟她保持距離。」

臺下少年坐姿筆挺，聽得入神，亞矢子繼續說下去：「我從上幼稚園開始強烈意識到自己的媽媽跟別人的媽媽不一樣，因為其他小朋友會對我說：『妳媽媽的臉很可怕耶！』我已經習慣她臉上的疤痕，但是聽到這句話才知道其他小孩覺得很可怕。我聽了很難過又不甘心，變得無法接受媽媽的外貌。」

亞矢子嚥了一口口水，停了一拍。

「上了小學，我警告媽媽絕對不准來學校，因為害怕同學看到她會霸凌我。現在想起來，當時要求她這麼做實在很過分，可是我是認真的，所以每次家長參觀日都是奶奶或爸爸來，我一直騙同學媽媽工作太忙所以來不了。」

大多數少年開始對亞矢子投以親近的眼神，畢竟他們原本以為演講內容會艱澀枯燥，眼前教官稱之為老師的女性卻分享自己童年撒謊的往事。

「我念的小學每年秋天固定在體育館舉辦音樂會，很多家長都會來聽自己小孩唱歌，我家是奶奶跟爸爸來參觀。可是有一年，我發現媽媽也來了，她戴著口罩，坐在體育館後方的位置，躲著不被人發現。」

在這樣難得的場合，想必家長們都會想盡辦法往前擠，移動到更好的位置。亞矢子的母親卻刻意和奶奶、父親保持距離，一個人蜷縮在體育館後方的角落。

「我嚇得心臟怦怦跳，一時發不出聲音來。雖然心裡有點高興，但又想到要是被大家發現那是我媽媽該怎麼辦，然後立刻轉移視線，假裝沒發現她來看我。好不容易撐到唱完歌，都沒人發現那是我媽媽。我一回到家就對她發脾氣，說了我這輩子，甚至是作為一個人最過分的話。

我氣到對她怒目相視痛罵她：『我不是跟妳說過絕對不可以來嗎！要是大家看到妳的臉怎麼辦！妳怎麼都不為我想！』她只是笑著對我說：『對不起啦！可是媽媽真的很想看妳唱歌的樣子。』看到她一點悔意也沒有，我更生氣，把之前累積的怒氣一口氣爆發出來。」

有些少年點起頭來，像是了解亞矢子的心情。亞矢子接著說：「『媽媽！為什麼妳跛腳，臉上又有疤呢？其他媽媽走路都很正常，臉又漂漂亮亮的，我也想跟其他人一樣，跟媽媽一起去買東西吃飯啊！為什麼只有我的媽媽長這麼奇怪！』說完之後我就哭了，媽媽悲傷地看著我，一直向我道歉：『對不起，都是媽媽害妳這麼難過。』爸爸在旁邊聽完之後告訴了我一件事。我是第一次看到他的表情這麼嚴肅。」

臺下少年也感到演講內容開始變得沉重。

「爸爸對我說：『媽媽一直要我保密，所以我才什麼也沒說。可是今天媽媽實在太可憐了，我非告訴妳不可。』媽媽雖然想打斷爸爸，他還是不顧一切繼續說下去：『妳兩歲的時候，附近發生嚴重火災，一下子就波及到我們家……』」

一聽到火災兩個字，路彥感覺有一道電流從頭竄到腳，彷彿自己化身為故事中的人物。

亞矢子逐漸激動，喝了院方準備的水來平復心靈，才繼續說完父親告訴她的故事：「那時候我才兩歲，當天爸爸恰巧出差不在家，火災發生時家裡只有我跟媽媽在睡覺。大火一下子吞噬了全家，我們來不及逃跑，媽媽一直用自己的身體保護我。她只記得有東西掉到她身上，回過神來時，人已經躺在醫院的病床上。最後是消防員救了我們，我很幸運，毫髮無傷，媽媽卻在生死關頭徘徊。爸爸告訴我：『媽媽那時候全身都嚴重燒傷，沒辦法像正常人一樣走路，臉上的傷疤也是受到燒傷影響。可是她不曾抱怨自己受傷，反而很高興妳平安無事。』」

體育館陷入一片沉默，亞矢子哽咽地說下去：「聽到這裡，我才瞬間明白媽媽是犧牲自己保護我，然後想到她過去的心情……我哭著向她道謝，謝謝她當年救了我。她微笑對我說：『看到妳健康長大，媽媽就很高興了。能看到妳張大嘴巴唱歌，真是太好了。』」

亞矢子又停了下來，等到情緒平復才開口：「半年後，她因為燒傷的後遺症惡化，最後過世了。現在回想起來，她應該是想在死前來到學校，看我唱歌。我直到現在都很後悔，她這麼偉大，但我為什麼……為什麼沒辦法對她更溫柔呢？」

亞矢子本來打定主意今天演講一定不要哭，可惜還是做不到。所有人都看到她熱淚盈眶，新田也一個勁地盯著正前方，以免淚水滑落臉龐。臺下少年則無法掩飾表情，好幾個人用手背抹去眼淚，路彥也是其中一人。

亞矢子確定自己開口也不會再流淚時打破沉默，重新集中注意力對少年們說出結語：「媽媽過世後，爸爸告訴我那場火災是少年縱火事件。我現在不會恨那名少年，我想他應該也吃了很多苦頭，但是我希望大家記住，縱火會毀了所有人的人生。大家聽完今天的演講，只要記住這件事情，我就很高興了。謝謝大家聽完我的演講。」

演講結束，體育館寂靜無聲之際，河里立刻大聲鼓掌，其他少年也隨著拍起手來。路彥像是遭到青天霹靂，無法動彈。

當天晚上，路彥躺在宿舍床上回想過往：童年時他因為最愛的母親離開而啜泣，笨手笨腳的父親努力撫養他，每天早起為他做便當，也會參加學校的運動會。其實父親是愛他的，他卻以不可挽回的方式辜負了父親。想起這些事，他徹夜流淚到天明。

11 國中老師前來商量

「六麥醫生，歡迎光臨。」

看到六麥中午過後便來到咖啡廳，馨花吃驚地向他打招呼。

「妳好。」

「這麼早就來，今天休假嗎？」

「我跟一個國中老師約在這裡，對方的學校在這附近。」

六麥今天選擇坐在後方的座位，而非平常習慣的吧檯位置。不到五分鐘，一名西裝筆挺的中年男子走了進來，年約五十歲。他環視咖啡廳，發現一個看似六麥的人便開口打招呼：「您是六麥醫生嗎？我是殿知良國中三年級的學年主任細川。初次見面，請多指教。謝謝您百忙之中撥空前來。」

「我今天剛好有事來到這一帶，不會麻煩。」

兩人交換名片之後各自在桌子兩旁坐下。馨花走過來點餐：「請問兩位要點什麼呢？」

「我要一杯咖啡。」

「我也一樣。」

點完後沒多久，馨花端來咖啡。六麥用右手端起桌上的咖啡，先是好好品嚐咖啡的香氣。

「這裡的咖啡很濃郁，而且非常香。」

「味道的確很好，我都不知道學校附近有這麼好的咖啡廳。」

「這裡晚上還提供酒精飲料。不過我們該進入正題了，請問您想問關於荒井的什麼事呢？」

細川是殿知良國中的老師，路彥離開要鹿乃原少年院後會轉學進入這所國中，因此細川在一星期前聯絡六麥，表示想商量關於路彥的事。

「如同之前電話中提到的，荒井之後要轉進我們學校，這是校方第一次接受來自少年院的孩子，而且他進少年院的理由又是縱火……」

六麥環顧四周，一和馨花對上眼便立刻垂下眼睛。

「細川老師，對方還是未成年，提到事件時請放低音量。」

「不好意思。校方為了迎接這樣的孩子也想做好萬全準備，所以我想跟少年院和上一所學校的副校長請教關於荒井的事。」

「這真是辛苦您了。所以您具體想問哪方面的事呢？」

六麥含了一口咖啡，觀察細川身上看似昂貴的西裝。最近穿西裝的機會愈來愈少，他深受時髦的西裝剪裁所吸引。

「其實前陣子荒井的父親來到本校，要求校方對荒井多費心。但是荒井在小學和之前國中上的都是普通班，我們正在思考所謂的『多費心』得做到什麼地步。另一件事情則比較難啟齒……」

細川垂下眼睛，欲言又止。六麥於是開口：「您想問什麼就開口，別客氣。」

「一般都會認為小孩移送到少年院的家長也有問題，我想請問今後該如何和對方相處。」

從這番話聽得出來雖然校方在意少年院的想法，然而一般人對司法少年的家屬抱持偏見也是理所當然，但是比起介意校方態度，六麥更將勝一主動拜訪校方的事放在心上。

「原來如此，荒井的父親這麼對您說嗎？他每個月都會來探望兒子，我跟他也很熟，我想您不需要擔心家長的問題。」

六麥回答時臉部肌肉逐漸放鬆，心想：「那對父子之後一定會很順利。」

12 離開少年院

新田表示路彥聽完演講後開始出現變化，會帶頭禮讓同房少年，獲得教官讚美的次數也愈來愈多。數天之後，勝一來看他。他一臉嚴肅地前往接見室，當天陪同的教官是新田。

路彥走進接見室，認出父親蒼蒼白髮的瞬間立刻大聲打招呼：「爸爸，謝謝你今天來看我！」

這是勝一第一次聽到兒子這麼大聲打招呼，一時驚訝得啞口無言，心想：「兒子究竟怎麼了？為什麼突然這麼大聲打招呼？」新田也一樣吃驚。

「爸爸，我之前真的很對不起你，我一定會好好表現，早點離開這裡去工作。」路彥說話時直勾勾地凝視父親的眼睛，新田發現應該是有什麼契機打動了他。勝一雖然不知兒子的心境為何突然改變，仍然細細思量兒子說的一字一句，忍不住掉下淚來。

三個月後，路彥在父親的迎接下離開少年院，新田等教官與六麥送別兩人。六麥凝視兩人的背影喃喃自語：「雖然今後還有很多挑戰，不過我相信他們倆一定能一起克服。」

數個月後，路彥從國中畢業，和父親一起前往道路工程的工地工作。工作雖然辛苦，路彥卻毫不偷懶，按部就班。勝一得意洋洋地看著兒子勤奮工作的模樣。升上高中的莉子遠遠望著兩人，莫名湧起豔羨之情。

13 杏奈

當天晚上六麥抵達位於神戶的家時已經超過晚上九點半，按了對講機卻無人回應，自己拿出鑰匙開門。打開家門發現燈是亮的，走向客廳，麻美正在講電話。

「真的很抱歉！好，我之後會去學校。」

麻美對著電話鞠躬好幾次，過了一會才掛掉。她發現六麥回來，大聲嘆氣。

「你回來了啊。」

她雖然對六麥打招呼，表情卻很黯淡。

「怎麼了嗎？」

「就像你剛剛聽到的，杏奈的學校打電話來。」

「為了什麼事？」

麻美背對他沒有回應，打開廚房的瓦斯爐。

「先吃飯嗎？」

「邊吃邊聊吧！杏奈呢？」

「她在房間裡。」

端上餐桌的大盤子裡滿是蔬菜與烤魚，麻美在旁邊放了一碗豬肉蔬菜湯。

「我開動了。」

六麥喝了一口湯暖暖身子，接著開始吃蔬菜。

「你聽了不要太生氣，其實杏奈跟朋友在公園廁所牆上寫了某個孩子的壞話，恰巧被那孩子發現是杏奈她們寫的，所以副校長才會打電話來。」

六麥一邊咀嚼吞嚥，同時在心中反芻麻美剛剛說的話。

「沒想到杏奈會做出這種事，真傷腦筋。副校長怎麼說？」

「他跟對方家長解釋這只是小孩子的惡作劇，大家都已經反省了，他也趕去現場把留言清掉。對方家長表示不用在意，但我還是想跑一趟學校去跟副校長溝通，也親自向對方家長道歉。」

六麥想起自己在教育司法少年的機構工作，突然愧疚了起來。自己的小孩明明也差點惹出問題，自己有什麼資格引導少年邁向正確之路呢？腦海中冒出另一個自己站在背後，看著平常給少年諸多建議的自己，加上手上拿著豬肉蔬菜湯，整張臉都熱了起來。儘管他每天晚上都會回家，不可否認的是職場遙遠導致與杏奈的對話減少。

他呢喃了一句：「還是我找個離家近一點的工作會比較好嗎？」

兩人沉默了一會，麻美終於說出真心話：「我當然希望是這樣，不過沒那麼容易吧？」

「教授跟我說過差不多該換人了。」

「我們可以相信教授說的話嗎？」

「我不知道，不過下次我一定會表示我想異動。」

杏奈一回家就躲進房間賭氣睡覺，現在說什麼聽在她耳裡都像說教，六麥決定當晚不和她談這件事，而且比起和女兒促膝長談，他更在意人事異動的事。

解說

少年刑事犯當中，縱火者的比例為〇・二%（二〇二一年版《犯罪白書》），儘管人數不多，縱火卻是可怕的犯罪，牽連大量無辜的受害者，引發嚴重損害。從二〇一九年的京都動畫縱火殺人事件[13]與二〇二一年的北新地大樓縱火殺人事件[14]即可一見端倪。縱火是繼殺人的重罪，不同於來到少年院的竊盜犯多半是累犯，即使之前沒有前科，只要犯下一起縱火案件便可能移送少年院。

本章主角荒井路彥便是犯下縱火案的少年，犯案動機是想逃離父親，這個理由聽起來很荒謬，但是想像一下有發展障礙的國中生精神狀態，一切都說得通了。部分發展障礙人士無法瞻前顧後，依照自己的誤解行動，路彥正是屬於這種類型。他以為離開父親的唯一方法是縱火，結果無法收拾後果，在少年院也無法

13 **京都動畫縱火殺人事件**：二〇一九年知名動畫製作公司京都動畫（京阿尼）第一工作室遭到縱火，整棟工作室燒毀，包括兇手在內七十人受害，為日本戰後傷亡最多的縱火事件。

14 **北新地大樓縱火殺人事件**：二〇二一年大阪北新地某大樓四樓身心科診所遭到縱火，診所院長、病患、工作人員等二十七人死亡、一人受傷，嫌犯已身亡。

適應團體生活，遭到眾人厭惡。

介紹荒井路彥的另一個目的是想讓大家了解，這世上真的有認為自己「很溫柔」的犯罪少年，如同《不會切蛋糕的犯罪少年》所介紹，我剛開始擔任少年院醫官時也很難接受，我無法理解為什麼有人明明是因為犯罪來到少年院，卻認為自己是個「溫柔的人」。然而和這群少年相處久了，我才明白矯正教育之所以困難在於他們的自我認知扭曲錯誤，以為自己是個溫柔的好人，所以根本不曾想過應該反省改善。

究竟該如何教育這群少年呢？本章介紹了「受害者觀點教育」，旨在透過聆聽受害者家屬分享經驗，了解受害者的心情，感受家人的重要，促使他們下定決心不再重蹈覆轍。指導方式除了本章提到的邀請受害者遺屬演講，還有舉辦小組工作坊、閱讀受害者手記、以角色書信療法（Role Lettering）[15]寫信等，實際上許多少年聽了受害者的故事或閱讀手記後下定決心要改過向善。

15 **角色書信療法（Role Lettering）**：一人分飾兩角，以虛構的方式寫信，有時是自己寫給對方，有時是對方寫給自己，藉此正視內心感受的心理療法，詳見即將由遠流所出版的已故更生專家岡本茂樹之著作。

第4章

CHAPTER 4 RYOICHI

出水亮一

概要

十四歲的出水亮一和住在附近的七歲小學生綾是青梅竹馬，兩人母親交情很好。後來亮一母親因離婚遠走，綾的母親覺得他很可憐，經常主動照顧他。

某次亮一向在公園單獨玩耍的綾搭話，把她帶進公廁施加性暴力，因為事件曝光移送少年院。院方考量他有自閉症類群障礙，安排他上適合的矯正課程，並由熱心的教官布川負責指導，可惜離院後重蹈覆轍，又再度回到少年院。父親原本長期協助他重返社會，但因兒子累犯而氣餒失蹤，亮一因此失去去處。

院方四處奔走，努力尋找願意收容亮一的機構，卻由於他是性暴力犯而屢屢受挫。他閱讀了受害者手記，開始反省，最後前往職員費了一番工夫才找到的安置機構，展開人生下個階段。

1 傍晚的公園

夕陽西下，公園裡有一群小學生在玩耍，和煦的日光照在這群孩子身上。一名面帶稚氣、皮膚白皙的嬌小少年從遠處眺望他們。少年名叫**出水亮一**，今年十四歲，剛升上國三沒多久。七歲的小學二年級女生**綾**隨意紮了一個馬尾，用樹枝在地上畫畫，離那群孩子有點距離。

亮一和綾是鄰居，兩家之間隔了一棟房子，兩人也是青梅竹馬。過去兩人的母親交情很好，然而亮一五歲時雙親離婚，母親遠走，此後綾的母親經常主動招呼亮一，還會請他來家裡玩。綾在亮一升上小學時出生，會把來家裡玩的亮一當作哥哥對待。

亮一發現綾一個人在公園玩耍，慢慢向她靠近，確認她和其他孩子有一段距離後對她開口：「嗨！綾。」

「啊！亮一哥哥。」

儘管綾的身高體重在同齡孩童平均範圍內，個子還是差了亮一三十公分左右。

「我找到好東西要給妳看，跟我來。」

「好啊！好東西是什麼？」

亮一朝位於遠處的公廁邁開步伐，綾一路雀躍地跟著他，像是要跟飼主去散步的小狗。

「要是被別人看到就不好了，我拿進廁所給妳看，過來！」

亮一確認多功能廁所沒人，先讓綾進去後鎖上門。

「好東西是什麼？」

綾一邊哼著最近學會的歌曲，一邊在廁所裡東張西望。亮一默默盯著綾的裙子，緩緩拉下自己褲子的拉鍊。

2 亮一進入少年院

六麥今天也在醫務室為少年看診，眼前的病人口吃相當嚴重。

「看來藥效強了點，把劑量改成一半吧。」

少年結結巴巴地確認：「那、那、那是從什麼時候開始？」

「藥劑師正在補藥，今天應該就能換新藥了。」

「是，那、那位藥劑師嗎？我、我知道了，我會等他換新藥。」

雖然六麥覺得對方的反應有些誇張，然而對於負責處方藥物的人而言，開藥是家常便飯；但對於少年而言，換新藥卻是影響生活的重大改變，口吃也因為緊張變得更加嚴重。

上午門診結束後，綠川看到六麥喘了一口氣後開口：「醫生辛苦了，剛剛那位會口吃的**天城**再三個月就要離開這裡了。」

「我覺得他來這裡口吃變嚴重了，不過現在差不多該是減少劑量的時候，這個時機離開少年院剛剛好。」

六麥拿起姓名處標示「天城」的病歷翻閱。

「他重返社會後要找到一家可以固定看診的醫院，應該是很難了。」

「畢竟有些醫院一聽到進過少年院，完全不掩飾滿臉厭惡的表情。」

「因為看到介紹信就知道病人的來歷。下午會有新的少年來，到時候再麻煩醫生幫他檢查。

「對，我想起來了，是那個猥褻女童的少年。」

六麥午休時間回到自己的辦公室，走進辦公室便打開電視，雖然綜藝節目的聲音有些喧鬧，卻為孤單一人的寬敞辦公室帶來些許生氣。

午餐是久違的便當，麻美幫杏奈做便當時剩了一些菜，於是順手做了六麥的份。儘管六麥不需要靠帶便當省錢，卻也已經厭倦了便利商店的食物。今天也是一大早起床，吃過午餐後一陣睡意襲來。他坐進黑色的網布椅，用力往後仰，椅背正好彎成舒服的弧度，意識逐漸朦朧。

提醒午休時間結束的鐘聲響起，六麥從打盹中醒來，含了一小口瓶裝綠茶，把口中黏糊糊的感覺連同茶水一同嚥下，接著起身走進醫務室，準備為下午新來的少年看診。

新人檢查是所有新進少年來到少年院的固定流程，先是測量身高體重，接著確認健康情況，一下子便結束了。精神科檢查因為需要花費較多時間，通常是改天進行。

到了下午，帶著手銬的出水亮一抵達要鹿乃原少年院，身上穿的還是自己的衣物。檢查隨身物品與搜身後隨著教官走進斜對面的醫務室。

教官以低沉的聲音拜託六麥：「醫生，麻煩您檢查。」

個子嬌小的亮一駝著背，像是從土裡挖出來的毛毛蟲。頭髮柔順光亮，雙眸也閃亮一如小嬰兒，簡直和小學生沒兩樣。他呆站在椅子旁，六麥請他坐下，他於是轉身坐在椅子上，嘴巴用力閉緊。

「你好，我是六麥，今天負責幫你看診。你叫出水亮一吧？接下來我們簡單檢查一下你有沒有哪裡不舒服。」

亮一默默點頭。六麥先從測量身高、體重、體溫開始，接著口頭確認至今是否罹患嚴重疾病和目前的健康狀況，最後用聽診器確認心肺功能，全部檢查約十分鐘。

「謝謝。」

教官代替不發一語的亮一向六麥道謝，接著帶領他穿過其他少年生活的起居空間，走向單人房。沿途有好幾名少年透過六人房的窗戶瞥了他一眼，又馬上轉頭回去面對書桌。亮一把行李放進單人房後跟著教官去理髮室，頭髮一口氣被剃得精光。

3 黃色檔案

六麥在醫務室閱讀亮一的檔案：

○年○月○日，出水亮一明知住在附近的熟人綾（七歲）不滿十三歲，卻以「給妳看好東西」為由，巧妙誘惑對方到住家附近公園的公廁。他無視女童厭惡拒絕，強行脫下內褲露出私處，將手指放進私處玩弄，並露出陰莖強迫女童舔舐。由於女童哭泣拒絕，最後強逼未遂。

智商：九十二。

診斷結果：疑似自閉症類群障礙。

家人：五歲時雙親離婚，之後與父親（出水齊次，四十一歲）兩人同住。齊次為上班族，經濟狀況普通。

看完檔案後，六麥轉身面向綠川：「這又是麻煩的案例，也是會來到少年院的典型少年。」

「黃色的檔案又要變多了。」

六麥寫完檢查紀錄，回到個人辦公室，再次凝視保管檔案的架子，心想：「最多的還是藍色檔案夾，不過黃色也很多。」

黃色檔案夾超過三十個，換句話說，這裡將近半數的少年是因為性暴力而來，受害者幾乎都是女童。

六麥認為他們的犯罪行為不能單純以專業書籍上所寫的「對性的認識扭曲」來解釋，遭到虐待的少年因為心情苦悶所引發的愚昧行為，在各黃色檔案夾中翻騰著。

4 與教授見面

前幾天研究室的下森教授寄電子郵件給六麥，請他來神立大學醫學院談人事異動的事。由於信上表示詳情待見面再談，他完全無法預測是想要求他繼續待在要鹿乃原少年院，還是要介紹離家比較近的新職場。

「六麥，不好意思麻煩你特地跑一趟。」

下森今天心情也很好。

「不會不會，我才要謝謝教授特地撥冗見我。」

兩人坐在教授辦公室的沙發上，旁邊桌子放著可能是其他訪客送的禮盒。下森望了一眼時鐘，開口說明：「之前跟你提過人事異動的事，剛好明年度神立大學的保健管理中心需要人手，我想派你去。」

「您是說調職嗎？」

「只要你願意的話。」

六麥用力咬緊牙關，以免被發現他因為出乎意料的消息而驚喜萬分。

「保健管理中心的人員要做哪些工作呢？」

「接受學生心理諮商等等，沒有人來諮商時就是你的自由時間，可以拿來做研究。剛開始的頭銜是助理教授。」

六麥還沒做出亮眼的成績，助理教授這個頭銜對他來說恰到好處，而且這只是暫時的職場，不是要待上一輩子，所以這個選擇沒什麼問題。

「謝謝教授給我這個機會，我也非常想去。雖然我想家人應該不會反對，不過還是想先聽聽他們的意見。另外，我也想去參觀一下保健管理中心，看看職場的氣氛。」

「當然當然，你確認完後再跟我說，寄電子郵件也行。」

「是，謝謝教授。我個人是很想去。」

說完之後，六麥突然想起了一件事：「那麼到時候是誰接替我去要鹿乃原少年院呢？」

「其實還沒決定，搞不好人手不足沒辦法派人去了。」

如果要鹿乃原少年院都沒有精神科醫師願意去，那些孩子會變成什麼樣子呢？六麥腦海中浮現少年們的臉龐，忽大忽小，但是錯過這個機會，可能一輩子離不開已經待了五年以上的少年院，也很可怕。要是為麻美與杏奈著想，就該接受這次的人事異動。

從大學走向車站的路上，六麥腦海中浮現好幾次麻美露出放下心中重擔的表情對他說：「真是太好了！」

5 住進單人房

娃娃臉的亮一剃了光頭看起來更像小學生。他坐在房間裡和書桌成套的椅子上，盯著牆壁發呆，發現一名教官走過走廊，以高亢的聲音搭話：「教官，幾點開始吃飯？」

「我們現在正在準備，等一下就開飯。」

「我想說可能有事情需要我幫忙，所以問問。」

教官故意擺出一張臭臉，亮一卻沒發現。

「你在房間裡等著就好。」

亮一立刻補上一句：「是嗎？不需要我幫忙嗎？但是爸爸教我要是有人需要幫忙就要去幫他。」

雖說他初來乍到不懂規矩，教官看到他完全搞不清楚自己的立場，還是不耐煩地教訓他：「閉嘴！」

自閉症類群障礙是發展障礙的一種，他們不擅長察言觀色，也不善於採取符合自己立場的行動，就像亮一即使進了少年院，仍然無法理解這裡不同於外面的世界。他對教官的態度露出疑惑的表情，不過注意力馬上轉移到窗外。外頭天色還很明亮，從房間看得到堤防旁的道路車水馬龍。

過了一會，剛剛經過的教官拿了餐點來到亮一的房間。

「開飯了。」

「好慢喔！」

教官皺起眉頭：「啊？」

「給我這麼大一碗飯，我吃不完啦！」

亮一說這些話其實是想和教官打交道，卻只是讓教官動怒。

6 為亮一檢查

亮一來了三天後，六麥通知綠川安排下午空檔為他做精神科檢查。

「今天要幫之前來的出水做精神科檢查。」

「好，舍監說他好像問題滿多的。」

「果然……」

過了一會，亮一跟著教官來到醫務室。他在醫務室東張西望，看到六麥便天真地呢喃：「啊！是上次來的時候遇到的人。」

「是啊！你記性真好，請坐這邊。」

身為精神科醫師，六麥本來很擔心移送少年院會不會讓他心情低落，看起來是沒這回事。但是聽到他下一句發言，六麥覺得自己似乎撞上了另一堵牆。

「我很不會記別人的臉，不過醫生長得很有趣。」

亮一字字句句都容易激怒人，今後真的能冷靜為他看診嗎？大家或許以為精神科醫師已經習慣遇上這種病患，但是少年院和一般醫院的情況其實大相逕庭。一般醫院的病患是因為想看診而掛號，不會主動破壞自己與醫師的關係。但是少年院的少年幾乎是被迫前來看診，也不覺得自己需要與醫師建立良好關係，亮一自然也不例外，自閉症類群障礙更是讓他難以與醫師建立和諧關係。

「接下來我們要進行精神科檢查。」

「之前不是檢查過了嗎?再做一樣的檢查是在浪費時間吧?」

六麥刻意放低聲音，以免自己的情緒受到對方影響。他決定先從簡單的提問開始:「上次是身體檢查，今天是精神科檢查。第一個問題，你來到這裡之後覺得怎麼樣呢?」

「比我在少年鑑別所聽到的好多了。」

不少少年都會回答來到這裡「很開心」，因為他們有發展障礙或智能障礙，無法理解自己移送少年院的原因，也使更生之路更加困難。

六麥為了讓亮一放下戒心，先從簡單的計算題和臨摹圖形開始，暖身三十分鐘後切入正題——犯罪理由，因為這個問題對他而言過於沉重，突然被問起也答不出來或是不願意正面回答。

三十分鐘後，亮一似乎放鬆下來，六麥開始進入正題。他總是特別留意這種時候用字遣詞要盡量客氣小心。

「請問你為什麼來到這裡呢?」

「嗯?因為教官說我要接受檢查。」

「我是說來到少年院的理由。」

「喔，因為我做錯事。」

亮一時不時看向窗外，六麥無視於他分心，繼續問下去：「那麼你做錯了什麼事呢？我知道事情經過，但還是希望你自己說說看。」

「我強制猥褻女童。」

「所以這是你做錯的事。我們現在來想想，為什麼你會做出這種事呢？」

「唔，因為我想摸摸看。」

亮一又看向窗戶，難道是開始動搖了嗎？六麥覺得這樣反而是好事，於是繼續問下去：「為什麼想摸摸看呢？」

「因為我對女生有興趣。」

「我知道你對女生有興趣，一般男生都對女生有興趣，但是大家不會因為有興趣就去摸女生，為什麼你出手摸女生呢？」

亮一陷入沉默，一直盯著窗外。六麥覺得有點不對勁，於是開口確認：「窗外有什麼東西嗎？」

「蝴蝶……」

「咦？」

六麥也轉頭看向窗戶，可能因為動作大了點，蝴蝶飛走了。原來亮一不是因為心生動搖而四處張望，只是單純在看蝴蝶。

他噘起嘴巴，責怪六麥：「都是醫生突然轉頭害的。」

「……」

六麥嘀咕了一會，打從心底理解為何少年鑑別所的精神科醫師會判定亮一可能有自閉症類群障礙，因為他們大概也遇上類似情況。他重新振作，調整為平常的口氣：「那麼你的答案呢？」

亮一像是頭一次聽到六麥提問：「嗯？什麼答案？」

「我剛剛的問題。」

「我不知道。」

亮一回答得很乾脆，六麥直覺認為他一定是逃避回答真正理由。

「你自己也不知道為什麼要摸嗎？」

「對。」

六麥感到問題逐漸偏離正題，嘗試轉換提問方向：「為什麼專挑小女生呢？」

「因為同年紀的女生力氣很大，我會輸給她們。」

他答得像是自己很有道理一樣。

「原來如此，因為小女生不會抵抗嗎？」

「那時候我不覺得她有那麼不願意。」

他或許當時真的是這麼想。其實六麥也遇過好幾名少年表示要是對方真的很討厭就不會做了，對方討厭就住手算是他們的一種溫柔。

「你想過將來要跟女生交往或結婚嗎？」

「我不想交女朋友，因為還要送禮物，很浪費錢。」

六麥深呼吸一口氣。他不是不懂亮一說出這些話的理由，不過不明就裡的人聽了可能會勃然大怒。但是今天檢查的目的在於了解少年的思考與行動模式，而不是說教。

「你才剛來到這裡，回答不出來也是理所當然。但是離開這裡之前要學會好好想一想，了解自己為什麼會做出這些事，而且能自己說明。」

亮一的口氣像是不干己事：「我真的做得到嗎？」

「接下來你會去上防範性暴力課程，到時候就會明白了。」

他又換成如同家長般的口吻：「要是學得會就好了。」

檢查結束後，亮一連再見也不說便離開了。

六麥對在後方觀察的綠川搭話：「果然跟鑑別所的檢查結果一樣……」

他很想向人傾訴當下的鬱悶，就算是精神科醫生也經常出現這種情緒。

「是啊！雖然我對自閉症類群障礙不是很熟悉，不過我也覺得他有這種傾向，說到自己的罪行卻像跟自己無關一樣，看起來一點也沒在反省。」

今天綠川和自己抱持相同想法，令六麥格外輕鬆，也恢復平常步調。

「這件事也得告訴負責指導出水的布川教官，以免他誤會。」

綠川似乎覺得對布川很不好意思：「是啊，出水雖然看起來很像在胡鬧，其實完全沒有這個意思，來到這裡之前他一定也吃了很多苦頭。」

7 遇上布川教官

布川教官隔天找亮一去面談室談話，面談室是少年與其專責教官定期面談的地方。布川約三十五歲，由於十九歲時交往的女友遭到少年犯施暴，選擇成為少年院教官。他擁有強大的信念，想要打造一個沒有人犯罪的社會，但是並未因此嚴厲對待少年，而是經常思考如何防止少年成為累犯，以此決定如何和他們相處。這是他第一次和亮一面對面交談。

「你好，我是第二宿舍的布川。今後你將進入第二宿舍，由我負責指導你，還請多多指教。」

「喔，好……可是為什麼是第二宿舍啊？我覺得第三宿舍看得到窗外風景比較好。」

布川差點板起臉來，不過想起六麥的叮嚀，趕緊裝出平靜的口氣繼續說下去：「這是考慮你的個性做出的決定。接下來我們會透過面談了解你的生活情況，因為房間裡還有其他少年，要是有什麼想說的就寫在日記裡。」

布川把一本B5大小的筆記本親手交給亮一。少年院的指導當中以日記指導最為重要，在少年院不得自由發言，因此將每天的所思所想與煩惱寫在日記裡和教官分享。日記主要由專責教官以紅筆批改，標注評語後還給少年。少年多半透過日記表達對日常生活的不滿與不安、對家人的感謝、對矯正課程的感想，以及對受害者的歉意等等。部分少年則藉由日記打小報告，通知教官其他人偷傳小紙條等等。

「另外，你還是國中生，所以要上國中的課程。這裡還有針對不同犯罪類型的課程，防止大家再度犯下相同錯誤。你的問題出在性暴力，所以要上防範性暴力課程。我是這堂課的老師，到時候會和你一起上課。」

亮一毫不掩飾露出厭惡的表情：「蛤～我才不要！這樣大家不就知道我犯了什麼罪嗎！」

「跟你一起上課的同學也是做了相同的錯事，大家也都跟你一樣不想被其他人知道。」

「真的嗎？」

面對毫不相信自己的亮一，布川繼續靜靜說明：「少年院規定不可以洩漏其他少年的罪行，所以要是跟別人討論就是違規。多次違規就會延後離院時間，你也要多加注意。」

「是。」

亮一雖然看起來一副不能接受的模樣，卻也沒多說什麼。少年院有許多規定，凡是違反規定就得受罰，延後離開時間即是一種。不僅不能暴露其他人的罪行，也不能在規定以外的場合說出自己所犯的罪行。

8 防範性暴力課程

進入少年院一個月後，亮一開始習慣這裡的生活，透過多次與布川教官面談和寫日記，慢慢恢復國中生該有的表情。

「出水，下星期要開始上跟你犯罪行為有關的課程，到時候一起思考受害者的想法吧！」

「是，我很期待，上課要上什麼呢？」

「大家會分組討論，到時候你就知道了。」

防範性暴力課程正式開始，聽講生包括亮一共六人，大家依照指示將鐵合椅排成半圓形坐下。教室前方有一張白板，布川教官站在旁邊。後方是另一名輔助教官，默默坐在教室門前當警衛。門上有玻璃窗，方便從外部觀察內部的情況。

時間一到，布川開口：「今天開始上的課是要防止大家之後再次做出同樣的錯事。首先我想請問大家，你們知道這是防範什麼罪行的課程嗎？」

臺下少年無人開口，只是左顧右盼，東張西望。

亮一突然舉手：「今天是針對性暴力犯的課程。」回答時還洋洋得意，沒有絲毫猶疑。

「是的，今天來到教室的人都是因為性暴力犯罪，有人覺得自己不是嗎？」

這群少年啞口無言。

「出了這間教室絕對不能告訴其他人你們在這裡聽到跟看到的事。我們接下來每週上一次課，總共四個月，合計十六次。」

確認少年的沉默代表了解之後，布川把Ａ３大小的紙張用磁鐵固定在白板上。

「大家請看白板。」

白板上的紙張左側畫了一條直線，從直線中間朝右又畫了一條橫線。直線上方寫著「好事」，下方寫著「壞事」。橫線與直線交錯處寫著「出生」，橫線右側寫著「現在」。

「今天大家要把來到少年院之前的人生寫在這張圖表上。這張圖表叫『人生起伏圖表』，橫線代表時間，左邊是出生的時候，右邊是現在。直線上方是好事，下方是壞事。每個人從出生到現在應該都遇過很多好事和壞事，請大家回想過去的情況，畫線表示何時遇到哪些好事跟壞事。畫好線之後，再分別寫上發生了什麼事。先寫完的人先上臺發表。了解別人的人生也是一種收穫。」

一名少年立刻舉手提問：「教官，可是我完全不知道有什麼事情可以寫。」

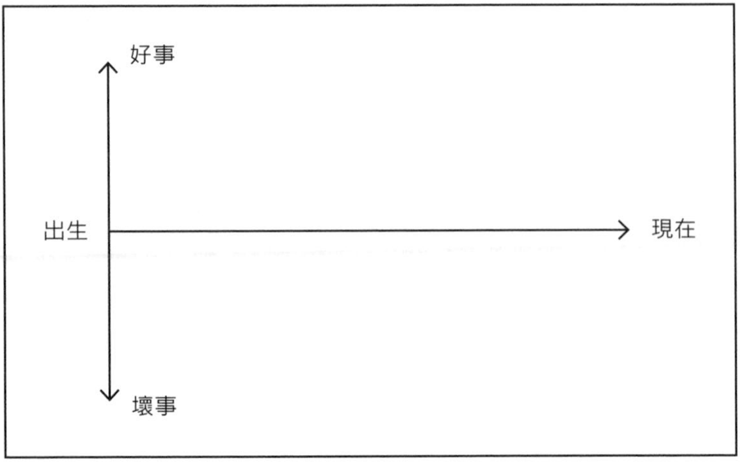

人生起伏圖表

其他少年紛紛表示贊同。

「我聽得懂教官說的意思，可是我從以前到現在都只遇到壞事，一件好事也沒有，可以只寫壞事嗎？」

「可以啊！就照你的意思寫。不知道怎麼寫的人舉手發問，我再個別解釋。」

馬上有三個人舉手，而亮一似乎知道怎麼寫。布川則依序向不知該如何填寫的少年說明。

9 人生起伏圖表

上課的同學們坐在排在教室牆邊的書桌前，默默寫起圖表。布川一個一個檢查內容，確認大家沒有寫錯。他在亮一後方停了下來，亮一正拿起鉛筆，將筆尖移動到出生，立刻往右下方畫出一條線，顯示人生第一個谷底，過往光景如走馬燈閃過他的腦中。

這張圖表的目的是將長期隱藏在潛意識中難以表達的煩悶情緒可視化。書寫方式與順序可自行決定，可以先畫線再寫上當時發生的事情，或是一邊畫線一邊寫。時間軸也是自己設定，可以任意拉長重要的時期或縮短沒有意義的階段，藉此了解哪些時期對自己特別重要。

亮一在第一個人生低潮期寫上「父母離婚」。

他出生時過著普通的生活，但五歲時父親齊次的公司倒閉，全家被迫搬家。父親自此沉溺於酒精，常與妻子爭吵，甚至家暴。最後亮一的母親離開，留下他與父親一同生活。

接下來他畫出一條緩緩上升的弧線：「上小學交到朋友」。朋友的出現點綴了他的學校生活，然而上升的弧線沒多久又下降：「小三被同學霸凌」。

原本交情好的同學開始嘲笑他「很噁心」「很臭」，叫他「細菌」，或是故意撞他、從背後推他、突然脫他褲子、逼他扛東西。他既不生氣也不哭泣，總是露出一臉笑咪咪的模樣，結果導致霸凌更加嚴重。同學可能以為他被霸凌還很高興也不一定。

10 開始對性產生興趣

亮一持續遭到霸凌，上了高年級逐漸對異性產生興趣。他從小學五年級開始出現許多偏差行為，例如偷窺女性如廁、觸摸低年級女童、偷竊女同學更換的衣物等等。校方向齊次說明亮一的情況，齊次卻不當一回事。校方認為這些偏差行為是很嚴重的問題，請來熟悉性教育的女教師**黑田智子**進行一對一指導。

「亮一，我們今天要來學什麼叫隱私部位。隱私部位就是不能隨便讓別人看到或碰到的部位。每個人可以接受別人看和碰的範圍都不一樣，但是像這張圖裡，泳衣遮住的地方是絕對不可以擅自去看去碰的部位。」

圖上畫了一對身穿泳裝的男女，泳裝遮住的地方就是智子說的隱私部位。

「這些地方都不可以隨便看或隨便摸對吧？」

智子年輕貌美又待人溫柔，完全符合亮一心目中理想母親的模樣。他漸漸喜歡上智子，和她約好再也不會欺負女生。在他的人生起伏圖表中，這段時期算是最高峰，他在這裡寫上：「小五遇到好老師」。

然而上了國中人生又墜入谷底。不僅霸凌問題變得更加嚴重，齊次也完全沒發現兒子遭到霸凌，一味要求不擅長念書的兒子用功，考差了就飽以老拳：「我現在揍你都是為你好，不是因為討厭你。你再這樣下去，以後要怎麼辦！」齊次老是將這些話掛在嘴上。

亮一無處可求援，唯一的例外是小他七歲的鄰居，也是唯一的玩伴綾，光是看到綾就能撫慰他的心靈。在那段時期，亮一趁父親不在家時偷看色情影片，劇中女主角本來很抗拒性行為，最後樂在其中，他以為這種情況「很正常」。

上了國三沒多久，他對在公園玩耍的綾搭話，把她騙進公廁——人生起伏圖表於此以深谷作結：「遭到逮捕，移送少年院」。

完成圖表後，他盯著牆壁發呆。布川在他身後凝視這張圖表，思考他做何感想。

傍晚下課後，晚上六點到八點是專責教官與少年個別面談的時間，也是亮一與布川面談的日子。

「看了你今天寫的人生起伏圖表，發現你好多階段都很辛苦。」

「不會啊！看到其他人的圖表，我才發現原來不是只有自己過得很慘。」

亮一回答得很乾脆，反而讓布川覺得奇怪。他試著深究亮一的想法：「嗯，性暴力的少年犯幾乎都遇過霸凌，出水你也遭到父親暴力以對，可是找不到人可以商量對吧？」

亮一陷入沉默，或許這次沒辦法左耳進右耳出，所以他改變話題：「下星期要做什麼？」

「我會安排很多課程，你好好期待喔！」

亮一很快便轉換心情：「那個課程很有趣，我想繼續參加。」

有些課程參加起來很痛苦，現在布川還不能判斷亮一的感想是否妥當。

11 價值觀遊戲

一週後，亮一和另外五名少年繼續上防範性暴力課程。布川站在白板旁等待大家走進來。

「今天我們要玩的是價值觀遊戲。接下來我會提出幾項沒有正確答案的問題，請大家告訴我有什麼感想。」

他在白板上畫了一條貫穿白板的橫線，線的右邊寫了「男生一〇〇％」，左邊是「女生一〇〇％」，中間則是「〇％」。接著發給大家六張細長的紙條，做簡單的名牌，用磁鐵固定在白板下方。布川等大家準備好後開始提問：「如果你們有機會投胎轉世，下輩子想當男生還是女生呢？請用百分比來表示希望的程度。坐在最旁邊的同學開始回答，**田中**你想當男生還是女生？」

田中語帶保留地回答：「我想當男生的程度大概是八〇％。」

「所以你是男生八〇％。」

布川把寫了「田中」的紙條移動到白板上男生八〇％的位置，藉由這種方式將他們的想法可視化。接著又問下一名少年：「**望月**你呢？」

「女生二〇％。」

依序問完所有人的意見後，白板上的名牌位置分別是：

男生　一〇〇％：松本、峰岸

八〇％：田中

二〇%：北野
〇%

女生

二〇%：望月
九〇%：出水
一〇〇%

布川繼續指示少年：「大家把椅子挪到跟名牌相同的位置，男生一〇〇%在這邊，女生九〇%在這邊，其他人調整在兩人之間的位置。」

六名少年紛紛挪動椅子，布川繼續指示大家：「接下來請告訴我選擇的理由，要是聽了其他人的理由想要改變答案，就搬椅子移動。說明理由的人要想辦法吸引別人挪動到自己的位置。我們先從一〇〇%的人開始，松本你為什麼一〇〇%想當男生呢？」

面對教官突然提問，松本有些不知所措，不過還是伸出右臂，彎起手臂露出二頭肌，精神奕奕地回答：「因為男生很會打架。」

「原來如此，那峰岸你呢？」

峰岸低頭回應：「因為男生很帥。」

「接下來換另一邊，出水你為什麼會選女生九〇％呢？」

回答順序與答案無關，而是從數字高的開始，如此才容易出現極端答案。

亮一的口氣有些生硬：「我選女生九〇％，因為男生要工作養家，很辛苦。」

「原來如此，松本聽了出水的回答，覺得怎麼樣呢？」

松本一聽馬上改變答案：「說得也是，工作很辛苦，那我改成男生六〇％。」

布川把松本的名牌移動到男生六〇％的位置，緊接著又詢問松本：「既然工作很辛苦，為什麼不是選擇女生一〇〇％呢？」

「因為女生要化妝，感覺也很辛苦。」

這群少年的另一個特徵是想法多半流於表面。

「好，請松本把椅子挪到男生六〇％的位置。」

布川依序詢問其他少年，要是想法和數字改變了，便請他們帶著椅子移動。換到新的位置後，再次交換意見。大家左右移動，討論過程還不時發出響亮的笑聲。移動位置代表聆聽他人意見後能改變自己的想法。剛開始所有人的意見差距大，隨著討論後的改變愈多，愈能培養靈活的頭腦，課程也更有意義。

確認少年都已經放鬆心情，能自由表達意見之後，布川告知大家：「剛剛是暖身問題，接下來我們要進入正題了。」他在白板右側寫下「女生不好一〇〇％」，左側寫上「沒有問題〇％」，中間則寫上「五〇％」，接著唸出問題：「一名女子身穿迷你裙，深夜獨自一人走在路上，遭遇性侵。你覺得會遇到性侵是因為女生不好嗎？認為完全是女生不好的請回答一〇〇％，認為女生完全沒有問題的請選〇％」。

相較於第一題，少年的表情都凝重了起來，大概是聯想到自己吧？布川把大家發表的答案標示在白板上：

女生不好　一〇〇％：無
九〇％：出水
八〇％：田中、松本
五〇％：望月
四〇％：北野
一〇％：峰岸

沒有問題　〇%：無

「大家的意見都不一樣呢！我們依序問問每個人。出水認為九〇%是女生不好，為什麼呢？」

「因為女生穿迷你裙就是在誘惑男生啊！但是攻擊女生是錯誤的行為，所以我選九〇%。」

布川心想這是性侵犯典型的回應，同時也很驚訝亮一會這麼想。但是他不能在此發表自己的意見，於是問下一名少年：「原來如此，峰岸你的答案是一〇%，你聽了出水的回答覺得怎麼樣呢？」

「我覺得女生有打扮的自由，因為穿迷你裙就攻擊她是男生不好。」

峰岸因為強制猥褻女童進入少年院，儘管罪行相同，想法卻大相逕庭，布川覺得非常新奇。

「原來如此，也是有人會這麼想。出水你聽了之後覺得怎麼樣呢？」

「說得也沒錯，大家都有打扮的自由。那我移動到峰岸這邊，改成二〇%。」

亮一搬起椅子移動到峰岸身邊。小組討論的意義在於了解每個人想法不盡相同，進而察覺自己內心真正的想法。此時要留意的是負責引導的教官不能否定少年的意見，也不能發表自己的看法。否定少年等於扼殺他們自由表達意見的能力，發表看法則是誘導他們把教官的想法當作正確答案，失去小組討論的意義。

「田中你聽了峰岸的意見，覺得怎麼樣呢？」

「唔……我覺得女生有打扮的自由，可是不需要特意穿迷你裙，所以我還是維持原本意見。」

「原來如此，也是有人會這麼想，那麼下一位……」

布川繼續詢問少年的意見。儘管在場少年都是性暴力犯，卻不見得所有人都認為女性必須負起完全責任，也是有像峰岸這樣的意見。

12 孕婦體驗

第二週要體驗孕婦的生活。大家穿上孕婦背心，了解孕婦的辛苦與學習尊重生命。這次請來助產師擔任講師。

「大家好，我叫川下，工作是助產師。我擔任這堂課的講師三年了，希望大家透過孕婦體驗了解生命的可貴。課程馬上開始，先從出水穿穿看孕婦背心。」

亮一第一個負責體驗。他坐在椅子上，由川下為他套上孕婦背心。孕婦突出的腹部和胸部掛在他的肚子上，背後用魔鬼氈仔細固定。

他脫口而出：「好重……」

背心重達七公斤，在腹部和胸部放入鉛錘，讓大家感受孕婦臨盆時的情況。

「女性懷孕時一直過著這樣的生活，接下來慢慢站起來。」

「是。」

亮一嘗試起身卻一個踉蹌，差點跌倒。

「你還好嗎？」

「是，還算沒事。」

川下小心翼翼告知下一個指令：「接下來慢慢坐在地板上。」

「呃！」

亮一依照指令緩緩坐下，不過最後還是跌坐下來。

「會不會痛?下一步是脫襪子，然後再把襪子穿上。」

這下子換成肚子礙事，很難順利穿脫。

「很難對吧?孕婦光是穿襪子就很辛苦了。」

「我了解了，我已經累了!」

其他少年也紛紛套上孕婦背心。亮一個子嬌小，似乎格外辛苦。

「接下來請大家抱抱小嬰兒。」

川下說完後拿出一個嬰兒模型。

「這個嬰兒模型的重量和柔軟度都跟真的嬰兒一樣，先從出水開始抱抱看。抱的時候要用右手撐著脖子。」

「啊!好重喔!」

峰岸看了亮一，叫了出來:「啊!脖子!」

亮一因為沒有撐住模型的脖子，嬰兒的頭部垂了下來。

「小嬰兒的脖子還沒有硬，必須像這樣把他的頭撐好。」

川下抓住亮一的右手肘，把模型後腦勺放在他的手肘內側。

「原來是這樣撐住小寶寶的脖子。」

孕婦體驗的目的在於促使少年了解性是帶來生命的神聖行為，施加性暴力代表放任自己的慾望踐踏神聖行為。防範性暴力課程的課綱形形色色，特別是教導少年除了既有的性教育，也包含性機能相關的身體機制。錯誤或缺乏性知識不僅造成未成年少女懷孕或罹患性病，錯誤的自慰方式甚至會導致私處受傷。

13 發表犯罪理由

亮一之後每週上一次防範性暴力課程，也逐漸習慣少年院的生活。藉由與布川教官多次面談，他慢慢了解自己為什麼對重要的人施加性暴力。

課程即將邁入尾聲時，由少年依序發表犯罪理由。每個人的發表時間是十分鐘，每堂課安排兩個人發表。輪到亮一時，一樣是由布川負責引導。

「今天輪到出水告訴大家犯罪的理由。」

「是，我把發表內容貼在白板上。」

亮一把七張長方形紙張用磁鐵固定在白板上，旁邊還附上第一堂課畫的「人生起伏圖表」。

「接下來向大家說明我犯罪的理由。」

他說明的順序如下：

每天在學校被欺負。

←

回家被爸爸打，沒有人可以商量，累積了很多壓力。

←

在網路上看到色情影片，看到影片中的女生被摸很高興。

←

因為女生被摸很高興，以為摸女生沒關係。

←

在公園看到鄰居的小女孩在玩。

←

因為想摸她，把她帶進公廁。

←

做出犯罪行為。

「這就是我犯罪的理由。」

看在專家眼裡，犯罪理由應該更加複雜，而不是如此單純的線性順序，但是對於發展障礙或智能障礙的孩童而言，不把理由整理成簡單的條列式，根本無法理解。布川聽完說明後開口：「接下來是問答時間，想發問的人請舉手。」

「我有問題。」

舉手的是峰岸。

「好，你的問題是什麼？」

「出水在學校是怎麼被欺負的呢？我也被欺負過。」

「同學會突然踢我，把我的東西藏起來，或是假裝沒看到我。」

亮一回答時毫不畏縮，峰岸也回想起自己的過往。

「還有其他問題嗎？」

布川繼續呼籲，這次舉手的是望月。

「色情影片是什麼樣的內容呢？」

「女生本來很生氣男生突然摸她，不過後來愈來愈高興。」

聽了亮一的解釋，數名少年不禁露出賊笑。布川看了趕緊提醒大家：「我想問大家，你們知道這些色情影片都是演的嗎？」

「是演的嗎？我還以為都是真的。」

「我也是。」

原本露出賊笑的少年突然一臉尷尬。布川經常提醒自己少年的理解能力不足，必須時不時指引他們。他們通常不擅長經營人際關係，也沒什麼朋友；無法像一般男孩經由朋友了解何謂「黃色笑話」，更容易對偶然在網路上看到的錯誤知識信以為真。

布川催促其他人：「還有人想發問嗎？」

松本以強硬的口吻質疑亮一：「為什麼你有壓力就想摸女生？摸女生跟你有很多壓力一點關係也沒有吧？」

「我以前摸了女生就會忘記討厭的事，結果就戒不掉這個習慣。」

「你這樣做是只顧自己爽而已！」
聽到松本強烈指責，亮一低下頭來。
布川阻止松本繼續指責：「松本，罵人罵到這裡就好。」
松本罵完之後似乎心滿意足，開始玩起手指，對課程失去興趣。明明松本自己強制猥褻學妹，卻一個勁地責備罪行相同的亮一，這也是這群少年的特徵之一。防範性暴力課程之所以採用小組討論方式，正是希望大家藉此客觀審視自己。
防範性暴力課程為期約四個月，課程結束後，亮一感到待在布川身邊很安心，終於又遇到值得信賴的大人。

14 第三次檢查

亮一來到少年院八個月後接受第三次檢查。第二次檢查時還看不出變化，最近倒是感到成效，最明顯差異是變得很有禮貌，六麥看診時也得以維持心情平穩。

「你來到這裡也過了八個月，要是順利的話再三個月就能離開。你覺得跟剛來的時候比起來，自己有什麼改變嗎？」

「我變得會思考受害者的心情了。」

這是六麥第一次聽到從亮一口中說出「受害者的心情」。

「這是好事，你能舉具體的例子嗎？」

「具體來說，受害者會承受一輩子無法抹滅的創傷。對方明明很信賴我，我卻做出這種事，會讓她從此以後覺得男人很可怕，之後可能結不了婚。」

雖然有想法總比沒想法好，但是聽在六麥耳裡總覺得像是在背書。

「你現在覺得自己當時為什麼會猥褻對方呢？」

「我去上了防範性暴力的課，發現自己是用猥褻來紓解被霸凌所累積的壓力。」

「可是為什麼你會用猥褻來紓解壓力呢？」

「因為我只想得到這個辦法，事件發生之前我也對其他人做過相同的事，做完之後心情變得輕鬆很多。」

許多少年自認犯罪理由是出於壓力，但這世上不是只有他們才會累積壓力，要是一有壓力就猥褻他人，所有人都是性暴力犯了。

「原來如此，那之後你要學習正確的紓壓方式。」

「我以後要是覺得煩躁就會去運動。」

許多少年都說要靠運動紓壓，不過他們進入少年院之前其實沒有運動習慣，實在稱不上是個實際的辦法。

六麥試著轉換話題：「運動是好事。離開這裡之後你要做什麼呢？會去跟受害者道歉嗎？」

「律師跟我說對方不想見我，爸爸也說她已經搬家了。」

「搬家了啊，你們應該也不能繼續住在那一帶了。爸爸會來看你嗎？」

「會，他說之前對我太嚴格了。」

六麥差點脫口而出：「難道受父母嚴格教育的小孩都會淪為性暴力犯嗎？」然而現在的亮一大概回答不出這個問題，而且只會消弭他好不容易建立起的決心，所以六麥還是忍住了。

「你現在看到女生也不會再做錯事了嗎？」

「是的，我已經不會再犯了，也和布川教官約好了。」

亮一稍微鞠個躬便離開醫務室，比起剛來的時候明顯成長許多，但是那句

「我已經不會再犯了」卻無法說服六麥。**愈是充滿自信，認定自己不會再犯的少年，愈是容易再次回到少年院。**

綠川感覺到六麥無法釋懷，開口詢問：「出水怎麼了嗎？」

「嗯，他雖然說得出犯罪理由，也表示想向受害者道歉，聽起來卻不像肺腑之言，比較像是從書裡讀來的。另外，很多少年都說以後會靠運動來紓解壓力，但是感到壓力的當下又不見得能運動，不是能打從根本解決問題的好辦法。」

綠川的優點是面對什麼事情都樂觀以對：「不過屢犯的少年人數非常少，布川教官也表示出水已經改善很多了。」

「我也想相信他，畢竟他馬上就要離開這裡了。」

15 亮一離開少年院

到了三月，亮一在少年院迎接國中畢業典禮。少年們原本各自就讀當地的國中，這天，各國中校長特地齊聚要鹿乃原少年院，一同為這群國三少年們舉辦聯合畢業典禮。也只有在這種時候，他們才會穿上院方準備的制服，輪流站上體育館舞臺，接受校長頒發畢業證書。

在來賓和其他少年的觀看下，畢業的少年們隨著「畢業生入場」的口令，踏著生疏的步伐走上體育館舞臺。亮一由於個子嬌小，院方所準備的制服當中沒有適合他身形的尺寸。儘管穿著不合身的畢業制服，過長的袖子讓他顯得不體面，他還是抬頭挺胸邁出步伐，讓眾人看到他的成長。

四月櫻花凋謝之際正是亮一離開少年院的日子。那天父親齊次來接他。他想起前一晚答應布川的事。

「我不會再辜負教官跟家人的期望！我不會再做錯事了！要是累積了壓力我會去運動或是跟爸爸商量。」

「出水，這一年來你很努力了，我相信你不會再做錯事，以後不要再回到這裡了哦！」

布川相信亮一說的是真心話，而他說相信亮一也是肺腑之言。綠川也相信兩人的誓言。

16 參觀下一個職場

看到丈夫回家，麻美含笑開口：「你回來啦！去保健管理中心參觀得怎麼樣？」

研究室的下森教授前天介紹六麥去神立大學的保健管理中心工作，他於是去參觀了一趟。

「氣氛很好，離家又近。」

「太好了，就這麼決定了！」

「雖然薪水變少，不過多出來的時間應該可以打工。」

「你要早點通知少年院，不然如果沒人接替，對方也會很頭痛。」

麻美的聲音雖然充滿喜悅，還是側目悄悄觀察丈夫的表情。

「我唯一在意的就是這個，那裡原本就有很多亟需幫助的孩子，最近性暴力少年犯又持續增加……」

聽到丈夫聲音低了幾階，麻美感到他有些猶豫。

「要是你猶豫的話，選哪一邊我都贊成，當然我是覺得離家近比較好。」

「明明我是那麼想調去別的職場，真的要離開又覺得很擔心……」

他完全不否定內心的游移，麻美發現自己的直覺是正確的，雖然有些吃驚，但並沒有多問。

「杏奈那之後怎麼樣？」

看到丈夫轉換話題，麻美覺得自己被敷衍了。

「最近好像很努力認真的樣子，跟朋友也相處得很好。」

「太好了，不過我們還不能鬆懈。」

小孩這種生物只要父母一鬆懈就會出事。

17 公園的小女孩

亮一離開少年院後回到新家。新家位於另一個市，距離受害者和其家屬非常遙遠，齊次一個人先搬進新家生活。新家是二手屋，但整理得非常乾淨，也準備了房間給亮一。亮一在舊家也有自己的房間，但還是很感謝父親如此用心。

「都搬到這麼遠的地方了，應該不會再有流言了吧……」

齊次最害怕的是鄰居的眼光。他期盼新家附近沒有小女孩，但這是不可能實現的願望，只要踏出家門，到處是小女孩。另一方面，亮一下定決心發了三個誓：認真工作、再也不給大家添麻煩、總有一天回報父親的恩情。

習慣新家生活後，亮一決定先去找工作，而不是升學。一方面是錯過考高中的時期，他也不喜歡讀書；另一方面也想趕快找到工作賺錢，獲得父親肯定。之後數星期，他以在少年院的所學去職業介紹所請對方介紹工作，儘管天天去面試，結果總是不盡人意。不是在面試時緊張到說不出話來，就是原本很順利卻突然失敗，可能是因為他原本就不擅長處理人際關係卻選擇服務業，還有外表與實際年齡相差太多，導致面試官認為他應該做不了多久。

齊次屢屢安慰他「不要心急」，但他覺得自己老是找不到工作，成天遊手好閒很丟臉。這種時候他總會前往住家附近的公園，坐在長椅上沉思。到了下午，附近的小小孩紛紛聚集到公園玩耍。

那天亮一照舊求職不順，坐在長椅上發呆時，發現一個五、六歲的小女孩獨自玩耍。小女孩似乎很想加入旁邊的五人團體，時不時瞄向他們，然而那群孩子沉迷於遊戲中，完全沒注意到她的視線。亮一覺得這孩子和自己一樣孤單寂寞。當他自言自語「那個小孩也很孤單」時，突然想到「也許我現在能幫上忙」，於是決定向她搭話。

雖然他曾對綾做了壞事，但在那之前他們一直很要好。他想到自己本來就很會和小小孩玩耍，而且在少年院學到很多，也已經改過自新。既然找到理由，他於是大方地向小女孩打招呼：「他們不跟妳玩嗎?要不要我陪妳玩?」

小女孩停了下來，驚訝地望著亮一。就在此時，背後傳來一個聲音：「不好意思，請問我家小孩怎麼了嗎?」

亮一回頭看到一位看似女孩母親的女性站在自己面前，背後還有兩組帶著小小孩的母親，他感到耳根子熱了起來。他想刻意裝作冷靜，以免被察覺他其實很緊張，結果耳朵反而變得更熱，甚至還逐漸刺痛了起來。他心想，只能想辦法說服對方了。

「我、我看她很孤單的樣子，所以想陪她玩……」

他說起話來結結巴巴，導致女孩母親更是戒備。了解情況後，女孩母親以冰冷生硬的口氣表示：「謝謝你這麼好心，不過我家小孩一點也不孤單。你要是再靠近的話，下次我就要報警了。」

一時之間亮一無法意會為何女孩的母親說要報警，然而看到對方露出可怕表情，迅速抱起孩子遠離他，才瞬間了解話中的意思。其他母親也一直瞪著他，故意以他聽得到的音量說：「以前沒看過那個孩子，到底有沒有去上學啊？聽說最近這附近出現可疑人物，我們都要多小心！」

亮一整張臉紅了起來，身體也忍不住打顫。

（她們居然說我是可疑人物……我明明是好心才跟那個小女生搭話的……）

女孩母親憤怒的臉龐在亮一腦海中轉換成蔑視他的表情，強烈烙印在記憶中。

18

再犯

遲遲找不到工作，加上對父親感到愧疚，壓力一天比一天沉重。雖然好不容易找到餐飲店的打工，但亮一真正期盼的還是一份穩定的正職工作，然而他老是記不得工作內容，在職場時時挨罵，所以也無法一邊打工一邊求職。

某次面試結束，踏上歸途時，他選擇走另一條路，結果又走進上次遇到女童的公園。他頓時冒出一身冷汗，心想自己之前明明小心翼翼避開公園，以免再次遇到那對母女，結果發現上次遇到的小女孩又是自己在公園裡玩耍，而且這次只有她一個人。

（那個孩子果然很寂寞。）

一想到這裡，那個討人厭的母親蔑視自己的臉龐又浮現在眼前，狠毒的言詞也隨之響起，不斷重複：

「你要是再靠近的話，下次我就要報警了！」

「聽說最近這附近出現可疑人物，我們都要多小心！」

（那些傢伙居然敢瞧不起我，我絕對不會原諒她們，不能就這樣回家！）

想歸想，亮一還沒決定到底該怎麼做，但是雙腿自然邁向公園，走近小女孩。他用力裝出笑容可掬的表情。

「嗨！我們又見面了。」

小女孩看到他不僅沉默不語，還惡狠狠地回瞪，大概是媽媽教她這個大哥哥是危險人物，不得靠近。小女孩的表情讓他頓時下定決心。他又用同一套話術哄騙：「我有『好東西』要給妳看，過來！」

那天晚上，亮一異常興奮，平常用餐時總是沉默無語，今天面對喝著啤酒的父親卻意外多話。

「爸爸，今天我去面試的那家公司可能會錄用我。」

「真的嗎？是什麼樣的公司？」齊次雖然半信半疑，卻也覺得不是壞事，打算好好聽兒子說明，於是走向冰箱再拿出一瓶啤酒。

「那家公司是做活動企畫的，例如有人想請知名人士來演講，就會委託那家公司。老闆很喜歡我，希望我趕快去上班。」

「原來是企畫公司，老闆喜歡你很好啊！而且工作內容也很有意思，感覺很適合你。這樣有機會認識名人嗎？」

齊次很常留意藝人動向，聽到兒子這番話，倒啤酒時不禁露出笑容，兒子之前惹事生非，現在總算安分下來，因此啤酒喝起來也比平常更加順口。看到父親喝這麼多，亮一一直惶惶不安，心想警察可能隨時登門，企畫公司的資訊也全都是為了化解不安所撒的謊。但是那天晚上，警察沒有來按門鈴。

隔天早上，響亮的門鈴聲傳遍寧靜的家中，已經起床準備去上班的齊次粗魯地大吼：「是誰一大早來按門鈴！」當他打開大門，眼前站著三名身穿制服的警察。

「請問這是出水亮一家嗎？」

「是，請問亮一怎麼了嗎？」

齊次瞬間了解兒子又惹出大麻煩，父子關係就此破裂，再也沒有修復的一天。

19 再次移送少年院

六麥正在閱讀亮一的新檔案，距離上次離開少年院已經過了一年。兩人在醫務室再次相見時，亮一比之前長高十公分，臉上冒出青春痘與鬍碴，完全不見當年的稚氣。

「你又回來了。我想這段期間應該發生了很多事，你覺得自己再犯的理由是什麼呢？」

「我好心跟她女兒打招呼，她居然瞧不起我，所以我才給她一點顏色瞧瞧！」

亮一怒氣沖沖，彷彿事件才發生沒多久。看到他滿臉通紅辯解的模樣，六麥感覺一切又回到原點。

「那位母親瞧不起你跟受害女童沒有關係吧？」

「那不干我的事，都是她不好！」

六麥陷入一陣沉默。亮一離開醫務室後，布川過了一會進門。

「六麥醫生，你覺得出水現在情況怎麼樣？」

「他雖然主張是對方不好，不過我想他自己應該也很痛苦。」

「我也是這麼覺得，雖然我還沒跟他仔細談過，不過之後我到底該怎麼面對他呢？我自己也覺得很難原諒他再次犯錯。」

看來布川也很鬱悶。

「我懂你的心情，上次他明明信誓旦旦，現在卻自己打破誓言。他所做的犯罪行為絕不能輕易原諒，可是我想他應該也不是因為想做壞事才動手。身邊都沒有人了解他，一個人孤伶伶的，要是連我們都不肯站在他這邊，他恐怕不會再對任何人打開心房，離開少年院也只會重蹈覆轍。」

布川垂下頭來：「我理智上能理解，心情卻很難平復。」

六麥自己也知道現在說的一切不過是理想，過去在精神科醫院負責診斷青春期病患時，他也曾無法原諒那些食言的孩子。儘管如此，他還是必須指引布川：「你現在無法原諒出水，是因為覺得他辜負了你？還是無法接受自己如此用心矯正，結果他還是走回頭路呢？」

看到布川沉默以對，六麥繼續說下去：「像他這樣有發展障礙的孩子，原本就算有心想努力也不知該從何努力起，所以更需要協助。會辜負我們的少年其實才最需要我們幫助。」

「我還沒摸索出答案，但如同醫生說的，我會認真思考今後該如何協助他。」

六麥非常感謝布川願意回到初心，畢竟他說得一口好道理，卻沒把握自己是否也做得到。

「謝謝你。」

布川說完後便離開醫務室。

20 杏奈的補習班

六麥按下門鈴，家門瞬間打開，杏奈衝出玄關：「爸爸，你聽我說，那個男同學又在補習班廁所偷拍了。」

杏奈搶在麻美之前向六麥報告。

「又偷拍？補習班沒有請他走啊？」

麻美從後方走來補充：「他後來好像繼續留下來了，因為他母親哭著求補習班說再給兒子一次機會，保證以後不會再偷拍了。他好像很不會讀書，補習班是最後一線希望。加上上次沒有受害者，最後補習班就讓他留下來。」

「這次是誰被偷拍呢？」

「杏奈走進廁所時發現好像有東西在動，一抬頭就看到那個男生的手機。杏奈還沒脫褲子，所以沒被拍到。」

性慾是一種強烈的慾望。有性慾很正常，人類之所以能一直傳宗接代正是因為性慾。但麻煩的是，性慾雖然是人類生活不可或缺的慾望，用錯方向就成了犯罪行為。

「杏奈妳還好吧？」

六麥關心時仔細觀察女兒的表情。

「嗯，我看了他的手機，裡面沒有我的照片，可是發現其他女生被偷拍。」

「這麼一來就發展成犯罪事件了。」

女兒的表情從頭到尾都沒有變，代表她確實沒受害。麻美則皺著眉頭說下去：「補習班打電話給我向我道歉，他們好像也很生氣，直接報警了。」

六麥心想搞不好那個孩子會送來要鹿乃原少年院，不過要是沒有其他罪行，應該不會馬上移送。

「說到這個，他之前也在超市廁所和其他地方偷拍，留下前科。」

「所以他爸媽瞞著補習班這件事嗎？雖然要看情況，但是通常有前科會送去少年鑑別所。」

說著說著，六麥想起出水亮一。他開始升起預感：如果杏奈補習班的那個孩子有發展障礙或智能障礙，可能會送來要鹿乃原少年院，由自己負責診療。當身邊出現少年犯，六麥一點也不覺得不干己事，不擅長念書的孩子也可能「不會切蛋糕」，究竟該怎麼幫助他們呢？六麥開始覺得，思考如何協助少年更生是上天交代他的使命。

21 再次見到布川教官與父親失蹤

那天晚上，亮一與布川面談。亮一從頭到尾都低著頭，看也不看布川的臉。布川緩緩開口：「出水，看到你回來，我覺得很不好意思，少年院也應該更努力才行。」

「咦？」

布川的這句話出乎亮一意料，他不禁抬起頭來。

「為了不再讓你重蹈覆轍，我們繼續一起加油吧！」

亮一原本以為教官一定會把自己痛罵一頓，這番話震撼了他的心靈。接下來又得在這裡過上一年，現在的自己說什麼都不夠，要用態度表示悔意——這是他終於下定決心的瞬間。此後，他展開新的少年院生活。

距離第二次來到少年院已經過了十個月，又是時候該討論他離開之後的去處了。避免亮一成為累犯的關鍵在於父親齊次必須認真監督他，因此少年院會與保護觀察所[16]合作，正確判斷家長的監護能力，決定是否讓少年直接回家。但是隨著亮一即將離開少年院，齊次前來探望的頻率卻變得不定期，最後終於發生可怕的事，六麥是透過綠川知道這件事。

「啊？出水的父親失蹤了嗎？」

「嗯嗯，布川也大受打擊。」

某天，負責協助少年回歸社會的教官通知布川聯絡不上齊次，聯繫他的就職單位也找不到人，應該是失蹤了。這麼一來，亮一離開這裡就沒有人可以照顧他，也失去了住處。父親失蹤當然是亮一犯罪所致，但對於十幾歲的孩子還是過於殘酷，因為要是找不到收容他的地方就無法離開少年院。綠川也很氣餒，非常同情布川。

「難得出水最近生氣蓬勃，布川教官也很高興……現在布川教官等人正在拚命尋找願意收容他的地方。」

「出水的精神狀態也很讓人擔心，他一定大受打擊。」
「他們好像還沒跟出水說他爸爸失蹤了。」
「了解。這件事得慎重以對，出水很可能會心靈崩潰，我們要增加診療頻率。」

22 尋找去處

布川和其他教官問遍了可能收容亮一的地方，例如鄰縣某所機構向來會收留離開要鹿乃原少年院後無處可去的少年，然而對方聽到亮一的案例卻說：「我們是有心要收容，可是不包括性暴力少年犯。」
「真的不能幫幫忙嗎……」布川明知不可行，還是試著拜託對方。
「我們機構附近很多家庭有小小孩，要是收容性暴力少年犯的事情傳出去就得

16 **保護觀察所**：日本更生保護制度的第一線，是一種社區矯正機構。

關門大吉了，到時會有更多無家可歸的少年淪落街頭。」

「果然可能會發生這種事，我了解了，不好意思麻煩您了。」

其實布川還擔心另一件事：要是亮一去到該機構後重蹈覆轍，那裡就再也不願收容來自要鹿乃原少年院的少年了。

發現好幾名比自己晚來的少年紛紛離開，亮一逐漸消沉，最大恐懼在於不知究竟何時才能離開這裡。在這段期間，布川等人持續前往各機構拜託，卻遲遲得不到正面回音。齊次依舊杳無音訊。六麥則定期為日益不安的亮一看診。

齊次失蹤三個月後，布川終於找到離亮一家很遠的一所機構表示願意和他面談，布川等人立刻去拜訪。該機構位於山中，離最近車站車程約三十分鐘，空間共有三層樓，相當寬敞，主要收容智能障礙者，也願意接納像亮一這樣有發展障礙的少年犯。負責人是一名高齡男性，體格壯碩。

「我們這裡也有像出水這樣的孩子，應該可以照顧他，我想和出水見上一面。」

「您真是幫了我們一個大忙，我們會立刻安排出水與您面談。」

布川和另一名教官看著彼此，由衷歡欣鼓舞。

幾天後，負責人與行政人員前來要鹿乃原少年院與亮一面談。布川陪同亮一前往接見室，亮一緊張到全身僵硬，布川更是如此。面談時負責人表示：「出水，我們這裡有很多嚴格的規矩，你能遵守嗎？」

「少年院的生活更嚴格，我已經習慣了。」

「原來如此，布川教官也來過我們這裡好幾次，說你絕對沒問題。」

亮一望向布川，想到教官為了自己四處奔走，拚命忍住就要奪眶而出的淚水。

幾天後，那間機構正式回覆表示可以收容亮一，這下子終於確定他離院後的去處了。

23 重新回到社會

今天是六麥最後一次為亮一看診。

「你這次來到少年院學到什麼呢？」

「我後來讀了很多受害者寫的手記，發現很多我以前沒想到的事，也才第一次了解到當事人所受的精神打擊比我想的嚴重多了。原來我以前都把女性當作洩慾的工具。」

花了兩年以上時間，六麥終於稍微問出亮一的真心話。他第一次來到少年院時不曾提過自己把女性當作工具，大幅改變他的契機不是防範性暴力課程，而是受害者手記。然而這並不代表一開始就讓他閱讀受害者手記會有立竿見影的效果，應該是受到各種影響刺激，他才終於聽見受害者的心聲。

許多少年都在即將離開少年院之際，想法才出現一百八十度轉變。然而多數矯正機關相關人士對於少年往往抱持悲觀態度，認為他們回到社會後很難維持相同決心，亮一也很可能又會辜負大家的期待。

離院當天，收容機構的人開車來接他。他先是向六麥鞠躬：「謝謝六麥醫生的照顧。」

「你不要忘記布川教官的教誨。」

最後是布川對亮一說：「我們在這裡道別吧！你要注意身體健康！」

「是，謝謝教官。」

「要乖乖聽話，不要讓收容機構的人傷腦筋。」

「是，我會的。」

布川最後遞給亮一一個袋子：「這是送你的護身符，要是累積了壓力，記得看看這個袋子，這個護身符會保護你。」

教官送少年禮物很稀奇。亮一用力握住裝護身符的袋子。

布川和其他職員，以及六麥、綠川一起送別亮一。亮一直到最後都沒掉眼淚。六麥感覺他的確已經洗心革面，真正的更生之路是從現在開始。

24 六麥開始動搖

六麥從殿知良女子學院下班回家的路上去了一趟 TINAMI。他坐在吧檯座位用手巾擦手時，馨花告訴他：「聽說昨天這一帶有人縱火。」

「失火真可怕，這裡沒受到池魚之殃吧？」

「託醫生的福，我們平安無事，不過真的很可怕。據說又是少年縱火，之前不是才報導過國中生縱火害鄰居燒死的事件嗎？到底是什麼樣的孩子會做出這種事情來呢？真是太恐怖了。」

六麥一聽就知道馨花口中的國中生是荒井路彥，同時感受到自己與一般世人聽到少年縱火事件的反應差距有多大。

「縱火當然是不可饒恕的行為，不過這些少年的背景也是形形色色，單憑嚴刑峻法無法解決問題。例如有些少年不是因為想縱火才縱火，而是用縱火來紓壓。這當然是非常錯誤的方式，所以大人該做的是教導他們正確的方法。最近也發生愈來愈多少年強制猥褻幼兒的事件，據說犯人當中有九成以上在學校遭到霸凌，所以他們可能也是為了紓壓而強制猥褻。這也是用錯誤的方式紓壓，正需要大人介入矯正。」

六麥說著說著發現自己目前卻打算辭去少年院的工作，根本是言行不一。此時馨花又補上一句：「嗯嗯，我懂我懂。六麥醫生工作的地方一定有很多這樣的少年，在這種地方工作真是辛苦，可是對社會很有貢獻，真是令人敬佩。」

「也沒那麼厲害啦！」

馨花澄澈的雙眸直勾勾地凝視六麥，他卻無法與對方四目相對。他把視線轉移到咖啡上，咖啡表面瞬間閃過亮一的臉龐。亮一的發展障礙特徵之一是強迫性思維，可能因此導致他強制猥褻，這也是諸多犯罪當中最麻煩的案例。如何防止這些少年成為累犯，即將成為六麥一生的志業。

解說

少年院的少年（男子）當中，性暴力犯罪（包含強制猥褻與強制性交等）的比例為六·二%；倘若限定十四至十五歲的年少少年，比率卻高達一六·二%，繼竊盜與強暴傷害排行第三（二〇二一年版《犯罪白書》）。我在意的是司法少年的人數減少，強制猥褻的檢舉件數卻逐年增加。例如我所任職的醫療少年院也有許多性暴力少年犯，他們是我最費心血的一群人。本章提到的「黃色檔案夾」數量並非虛構，實際上總是超過整體人數的三分之一。

性暴力犯罪同時也是我從精神科醫院轉調至醫療少年院的契機之一。我為了協助有發展障礙的性暴力少年犯接受治療，閱讀了各類資料與文獻，嘗試形形色色他山之石，卻效果不彰；前往性犯罪治療成果斐然的國外機構與大學，學習對方的經驗，卻發現連這些單位遇上發展障礙的少年也是束手無策。既然全世界都不知道正確答案，不如我自己進入醫療少年院來深入了解他們的實際狀況。

問他們為什麼犯下性暴力犯罪，大家口徑一致，全都回答：「因為我性慾很強。」然而連同我在內的眾多男性，性慾比起這群少年更為強烈。他們的「強制猥褻」行為與其說是發洩性慾，更接近為了滿足對女孩子的興趣、關心、憧憬，因而「使用身體來溝通」。

但是為什麼他們找上的都是女童而非同齡女性呢？理由之一是他們的心智年齡低，例如亮一就是這樣的例子。心智年齡低代表難以和同齡女性溝通，甚至覺得對方很恐怖，所以他們很難與女性建立健全的關係，必定會尋找年幼的對象。

我認為診療時必須一併關心少年的成長經歷和思考模式。透過小組工作坊，我發現霸凌經驗導致他們容易產生被害妄想，誤以為旁人的言行是針對自己，累積一定怒氣後，找上他們認為應該不會抵抗的小女孩作為發洩壓力的對象。

少年院裡除了一起上防範罪行課程的同學之外，沒有人知道其他人犯了什麼罪，但是觀察日常舉止與生活情況便能發現相較於竊盜與暴力的少年，犯下性暴力的少年多半沉默寡言，在學校曾經遭遇霸凌。如同本章所述，大多數機構不願意收容性暴力少年犯，倘若發生家長失蹤等斷絕聯繫的情況，往往找不到離院後的去處。

第5章

CHAPTER 5 CONTINUING…

少年們之後的人生

概要

門倉恭子離開女子少年院後與母親、弟弟、女兒一起生活。某家餐飲店體諒她有智能障礙，僱用她當計時人員。她不知如何養育女兒，遭到兒童諮詢所判定有虐待之嫌，女兒因此送往嬰兒院[17]安置，母女分居兩地。她在此期間學習如何重建親子關係與育兒方法，慢慢建立起生活基礎。滿二十歲時離開母親家，在托兒所附近租房子，和女兒一起生活。

田町雪人遭到逮捕後八個月，地方法院首次開庭。律師主張雪人有智能障礙，並不具有完全責任能力，雪人卻強調「不需要因為我有智能障礙而從輕量刑」。六麥日後得知檢方求處十六年有期徒刑，最後法官判處十三年有期徒刑。

1 恭子離開少年院

門倉恭子的母親由美每週都帶著愛菜來探望恭子。愛菜滿六個月時送進附近的托兒所，由美也再次回到打工生活，不過每週還是會來女子少年院。對於年過四十的由美而言，每天早上夾雜在年輕家長之間送愛菜去托兒所，為了維持家計又得趕去食品加工廠工作到傍晚，體力負擔實在沉重。但是每次去接愛菜時，看到孫女把自己當作母親的開心模樣又覺得這種生活也不壞。

另一方面，恭子因為屢屢違反院方規定而一再延長收容時間，等到終於可以離開時，她已經十七歲，進入托兒所半年的愛菜也滿一歲了。

當天是六麥最後一次為恭子看診。

「最近身體狀況怎麼樣?晚上睡得著嗎?」

「身體狀況普通，晚上睡得很好。」

17 嬰兒院：類似臺灣的育幼機構，收容一歲以下嬰兒，但若有需要，收容限制可放寬至學齡前。

「聽說妳離開少年院的日期總算確定下來了，真是太好了。」
「是的。」
終於能規畫未來的生活，恭子露出安心的表情。
「妳待很久了呢！」
「是，我來這裡的時候才十五歲，但是違反規定很多次，一直延長收容時間，結果現在已經十七歲，愛菜也快一歲了。」
「以後就能跟愛菜一起生活了。」
「是，不過我很擔心自己能不能當個好媽媽。」
一週後，由美前來迎接恭子。相隔一年又三個月，恭子終於再度接觸到外面的世界。她對負責照顧她的教官深深鞠躬，眼眶微微泛淚。由美對恭子的感傷一點興趣也沒有，只想趕快過上輕鬆的日子，於是大喊一聲打斷她沉浸在道別的情緒：「妳在發什麼呆啊！不快點回去就趕不上托兒所接小孩的時間了！」
恭子還無法想像去托兒所接小孩是怎麼一回事，不過一想到是在少年院以外的地方見到親生女兒不禁興奮起來。她把大量行李塞進計程車，和教官道別後的第一站是睽違已久的自家。她在十六歲之前因為犯罪遭到逮捕，在少年院度過十六歲，十七歲才又回到這個家。

她住的家是一間三房兩廳的公寓，這裡充滿了各種回憶。在移送少年院之前她有自己的房間，所以一回家第一件事是輕輕打開自己房間的門，然而映入眼簾的是堆積如山的物品，這一年多來大概都沒開窗換氣，一股霉味撲鼻而來。

「我晚一點再整理，妳等一下。」

由美一副嫌麻煩的樣子嘆了一口氣。對於恭子而言，自己的房間是唯一可以放鬆的地方。當年離開這個家是因為自己做了壞事，而占據房間的大量物品提醒她已經離開這裡很久了。

才休息一會，轉眼就到了下午三點，由美對恭子說：「今天早點去接愛菜吧！」平常她總是趕在規定的傍晚六點去接愛菜，所以早點去會讓托兒所老師很高興。此外，接愛菜時會遇到其他年輕母親，她無法融入那些親密聊天的媽媽圈，一想到終於不用再忍受這些痛苦，便鬆了一口氣。

由美帶著恭子去托兒所，托兒所離家步行只要五分鐘。要是離家遠，接送得準備自行車；若遇上下雨天或天候不佳，光是接送就很辛苦。恭子之前不曾留意住家附近有托兒所，感覺很新鮮。然而第一次去托兒所接自己的孩子，她雙腿有些發抖，害怕的心情使得她覺得由美比平常值得依賴。

走進托兒所，所長**田代**出來迎接兩人。

「門倉太太，妳今天真早。現在是吃點心的時間，我馬上叫愛菜過來。」

田代看見恭子雖然面露笑容卻沒有多問，大概以為恭子是由美的姪女，由美也沒向所長交代恭子的身分。過了一會，負責愛菜班級的年輕教保員牽著愛菜的手走出來，教保員看也不看恭子一眼，恭子也全身僵硬，根本無法告訴對方自己才是愛菜的母親。

愛菜叫了一聲：「媽媽！」

聽到這一聲媽媽，恭子的身體瞬間放鬆了下來。愛菜看見恭子，步履蹣跚地走來。恭子心想：「只要愛菜抱住我，園長跟教保員就會明白我才是媽媽了。」但是愛菜抱住的是由美。

由美抱起愛菜，向教保員輕輕點頭便轉身離開，園長和教保員也立刻回到托兒所，彷彿恭子根本不在現場。由美直到最後都沒有正式介紹恭子的身分，恭子在這裡彷彿像空氣一般不存在。回到家，愛菜也不會主動靠近恭子，畢竟對她而言，恭子只是一個「陌生人」。

2 和愛菜一起生活

隔天早上，恭子獨自帶著討厭上學的愛菜去托兒所。田代曾聽說愛菜真正的母親十七歲，實際看到恭子本人還是因為她太過年輕而大吃一驚。

「昨天早點說就好了，我沒想到原來妳就是愛菜的媽媽。」

「不好意思，我昨天緊張到什麼話也說不出來。」

田代終於明白由美的真實身分。由美每次接送都不和其他母親打招呼，總是一臉冷冰冰的表情。田代本來以為由美不想讓旁人知道自己代替不肖女兒養孫女，其實是自私自利，懶得交際，對由美的惻隱之情於是轉移到恭子身上。想到恭子大概從小在不健全的家庭中成長，同情之心不禁油然而生。

田代誠懇地對恭子說：「要是有什麼煩惱，隨時都可以找我商量。」

這天起改由恭子負責接送愛菜。然而愛菜每次離開由美都會大哭，畢竟她只和恭子相處到三個月大，之後頂多一星期見一次，要她就此認定恭子是母親，相處時間未免過於短暫；恭子自己也不知該如何和女兒相處。田代想促進兩人的感情，每次恭子來接女兒時，總會特意大聲說「愛菜的媽媽來嘍」，好讓愛菜聽見。

與此同時，田代開始在愛菜身上發現一些異狀。

雖然由美虐待翔命的頻率降低，但其實只是將施虐對象轉換成愛菜。她對孫女吃飯的方式尤其囉嗦，只要飯菜稍微撒出來，馬上賞她一巴掌。

「為什麼又撒出來！」

由美怒吼之後，伴隨而來的是愛菜響遍家中的哭聲。聽到哭號聲，由美更加煩躁。恭子目睹這一切，卻沉默以對。她認為愛菜還沒把自己當媽媽，沒有資格保護女兒，同時也很不滿女兒和自己一直很有距離，不禁愈來愈常對她發脾氣。

3 托兒所打來的電話

恭子離院後開始尋找計時工作，住家附近的餐飲店好心僱用了她，然而本來就不算手腳俐落的她經常打破盤子；弄錯客人餐點，浪費食材；好不容易記得客人點的餐，卻又因為上菜動作粗魯，遭到客訴。智能障礙導致她笨手笨腳，格外引人注意。店長大概知道她的情況，儘管露出苦笑還是默默守護著她。

某天打工時，手機響了起來，是托兒所打來的電話。所長田代在電話另一頭說：「愛菜媽媽，不好意思在妳工作時打擾。接下來我要說的事情有點難以啟齒，還請妳見諒。妳知道愛菜身上有好幾處瘀青吧？」

恭子感到自己心跳加快，臨機一動：「所長，愛菜在家裡跌倒，撞到桌角才瘀青的。身上有瘀青怎麼了嗎？」

「我一開始也是這麼覺得，但是身上有這麼多瘀青實在有點奇怪。」

田代的口氣不同於平常，恭子覺得唯一信賴的人突然離自己好遠。

「妳是想說是我做的嗎？妳是想說我虐待愛菜嗎？」

「我沒這麼說，但是我們自己無法判斷，所以想聯絡兒童諮詢所。絕對不是因為懷疑妳，而是托兒所遇到這種情況時有義務聯繫他們，這也是為了愛菜跟愛菜媽媽好，還請諒解。」

「聯絡兒童諮詢所之後會怎樣呢？」

「我們也不清楚，一切交由兒童諮詢所決定。」

其實這時田代已經聯絡兒童諮詢所，請他們來檢查愛菜的身體狀況，發現身上有多處小塊的紫色瘀青。諮詢所職員告知田代，愛菜需要安置。

「我馬上就去接愛菜，請等我一下。」

恭子慌慌張張掛掉電話，立刻拜託店長：「托兒所說小孩發燒，希望我趕快去接她，可以讓我請假嗎？」

店長溫柔地說：「小孩生病妳一定很擔心，店裡的事情交給我們就好，趕快去接小孩吧！」

恭子使出全力衝向托兒所，可惜抵達時已經不見愛菜的身影，取而代之的是兩名兒童諮詢所職員。

「愛菜呢？」

田代一臉抱歉地表示：「兒童諮詢所的人說愛菜需要安置，就把她帶走了。」

留下來的諮詢所職員代替田代繼續說明：「您是門倉恭子小姐嗎？我們有些關於愛菜的事情要向您說明。」

「你們居然擅自帶走愛菜！把愛菜還給我！我要跟我媽媽說！」

恭子看也不看那些職員，馬上打電話給由美：「媽媽！愛菜被帶走了！」

那天傍晚，由美請假早退，和恭子一起去兒童諮詢所。她在面談室裡對著職員大吼大叫：「所以我從剛剛就說沒有虐待小孩啊！趕快把愛菜還給我們！不然我就去告你們！」

「太太，我們剛剛已經跟您說明過很多次……」

「趕快把小孩還給我們！」

相較於態度激昂的由美，恭子低頭深思，回想起平常由美經常毆打愛菜，自己也曾經踢過愛菜，這些記憶逼得她抱頭呻吟：「啊啊～～！」

看到恭子痛苦呻吟的模樣，由美得意洋洋地抗議：「你看，我女兒恐慌症發作都是你們害的！你們要怎麼賠我！」

職員們面面相覷，恭子以沉痛的口氣阻止母親：「媽媽，不要再說了……」

「咦？」

「媽，夠了，不要再說了。」

由美似乎察覺恭子和平常不一樣，也尷尬了起來：「我今天就不跟你們計較了。除非你們把愛菜還來，否則我還會再來的！」留下這句語帶威脅的話後起身拉住恭子的手臂，一起離開兒童諮詢所。

4 與兒童諮詢所商量

幾天後，兒童諮詢所的窗口單獨聯絡恭子，請她來兒童諮詢所一趟，因為窗口判斷只有在由美不在時恭子才說得出實話。當然由美反對恭子單獨前往，但是窗口表示不會做出任何不利於她的事，由美只得勉強同意。

到了兒童諮詢所，和上次同一位職員正等待恭子來臨。

「謝謝妳今天願意來。」

職員上次帶走愛菜時的表情兇狠，今天卻溫柔可親，出乎恭子預料，她鬆了一口氣，直覺認定這些人或許能保護自己和愛菜。在職員的誘導下，她開始傾訴日常情況：「我從以前就不喜歡媽媽的做法……弟弟因為有障礙，總是挨媽媽揍，可是我什麼也說不出口。現在輪到愛菜被打，我為了不讓自己也挨罵，覺得要好好管教愛菜，可是她跟我一點也不親，我不知道該怎麼對待她，結果煩躁起來又忍不住打她。」

「謝謝妳願意告訴我們這些事，長久以來妳一定很辛苦。」

兒童諮詢所根據恭子的描述認定現在愛菜回家極可能會繼續受虐，於是決定將她繼續安置於嬰兒院。嬰兒院收容出於各類因素而無法與家人一同生活的零至二歲嬰幼兒，其中也有不少嬰幼兒遭到虐待。院裡除了教保員，還有護理師、心理師、醫生等多名員工，二十四小時待命照顧嬰幼兒。除非兒童諮詢所判定可以通知家長，否則家長不會知道自己的孩子安置在哪間嬰兒院，也不得會面。

由美直到最後都不肯承認自己虐待過孫女。

5 邁向新旅程

愛菜安置在嬰兒院三個月後，兒童諮詢所聯絡恭子，希望她在女兒返家前的這段期間，每個月去上兩次非營利團體舉辦的親子關係重建課程。兒童諮詢所必須確定監護人不再有虐待兒童的風險，才會讓兒童回家。恭子不知如何正確育兒，唯一的學習對象又是由美，為了讓她之後能和女兒安心生活，兒童諮詢所要求她去上育兒相關課程，學習如何和女兒相處，恭子也立刻答應。

她首先去兒童諮詢所和課程負責人面談，負責的女職員一看到她便開口問：

「謝謝妳今天特意前來，請問妳想成為什麼樣的母親呢？」

「咦？呃……」恭子以為對方會先責怪她之前育兒不周，她很擔心自己是否當得了好媽媽，沒想到對方居然願意認真傾聽自己說話。

「愛菜雖然還不會說話，可是已經會表達自己的情緒了喔！」

「咦？愛菜嗎？」

「是啊！」

「我完全不知道……以前我媽總是嫌她哭很吵，不懂她為什麼要哭。我也不知道該怎麼對待她，覺得她老是在哭很煩。」

「我們今後一起學習吧！」對方陪伴在不知該如何是好的恭子身邊，隨時幫助她，這是她從來不曾在母親身上得到的溫暖。

面談一個月後，母女倆先是在嬰兒院見面，距離上次見面已經過了四個月。愛菜由教保員抱出來，她害羞地凝視恭子，反倒是恭子一直無法與女兒四目相對。教保員代替兩人說出彼此心聲：「愛菜其實很在意媽媽，但是不知道怎麼表達，我們一起來想想該怎麼做吧！」

恭子終於放下心中的大石頭，莫名覺得愛菜也一起放鬆了。

之後恭子前往兒童諮詢所參加親子關係重建課程，從育兒基礎開始學習，例如如何對待孩子、了解他們發出的訊號等等。課程重點不是放在如何愛孩子，而是學會觀察他們的情緒。

上了三個月的課後，恭子開始定期前往嬰兒院和女兒見面。嬰兒院也有許多遭受虐待而安置在此的幼兒。恭子運用在課程學到的內容，慢慢縮短和愛菜的距離，逐漸習慣彼此。為了和女兒臉貼臉，她卸下妝容；每星期去嬰兒院時，她會為女兒做便當。愛菜終於漸漸和恭子愈來愈親近。

課程開始半年後，兒童諮詢所認定愛菜可以暫時離開嬰兒院，去恭子一家居住的公寓外宿。由美刻意遠離愛菜，看來是已經厭煩孫女，恭子也心平氣和接受母親的態度。經過幾次外宿和上了一年的課，兒童諮詢所判定虐待風險已經大幅降低，恭子終於可以帶愛菜回家。

愛菜離開嬰兒院的那天，恭子對嬰兒院的教保員撒嬌：「老師……我以後還可以再來嗎？」

「當然啦！無論什麼時候都歡迎妳來。」

恭子強忍淚水，露出微笑，教保員也含淚和兩人道別。

帶著愛菜回到家，由美依舊維持老樣子。每次遇到問題，恭子會打電話和嬰兒院的教保員商量，儘管遭遇多次挫折，也逐漸習慣和愛菜的生活。看到女兒愈來愈依賴自己，她更有自信了。

恭子滿二十歲後決定離開母親，獨立生活。她帶著愛菜搬去在托兒所附近租的房子，繼續在餐飲店打工，展開母女兩人的生活。

「我去打工了！」

恭子把愛菜交給托兒所後趕去打工，田代所長溫柔地望著恭子離開。

6 雪人的審判結果

田町雪人遭到逮捕八個月後，地方法院首次針對此事件開庭。檢方以「行為冷酷殘忍」為由，求處十六年有期徒刑。受害者澤部步美的母親千壽子在法庭上抽泣：「我以前會跟女兒開玩笑說，她要是有個三長兩短，我就活不下去了，沒想到居然成真。我現在勉強自己活下來，出來丟人現眼都是為了要為女兒討公道，但是加害者的證詞聽不出來有任何反省的意思。小女的夢想是成為美髮師，我打從心底希望法官對加害者處以極刑。」

雪人表情僵硬，臉上已經沒有絲毫稚氣。律師主張：「田町雪人有輕度智能障礙，遭到詐騙集團威脅利誘，一時慌張才誤殺女子，完全喪失責任能力。」然而雪人卻表示：「不需要因為我有障礙就從輕量刑。」說完對法官鞠躬。

六麥之後透過報紙得知檢方對雪人求處十六年有期徒刑，最後法官判處十三年有期徒刑。他在醫務室瀏覽雪人的病例，再次回想當時的情況。

當年雪人在少年院不但沒有惹麻煩，還以模範生的身分離開，最後居然變成奪走年輕無辜女孩性命的殺人兇手，害得失去寶貝女兒的母親承受外人無法想像的喪女之痛。六麥不清楚雪人離開少年院後過著什麼樣的生活，但他認為良子應該沒辦法在一旁協助兒子融入社會，而且他的個性容易隨波逐流，恐怕又是遭到他人利用。

六麥將當初雪人畫的切蛋糕圖放在綠川面前：「他也是像這樣切蛋糕的。」

「這種切法太誇張了，他出了社會想必吃了很多苦頭。」綠川輕嘆一口氣。

六麥望向綠川，輕聲自言自語：「他在這裡是好孩子，有什麼意義嗎？出了社會後，有人接納他嗎？」

綠川不太記得雪人的事，不過他知道很多少年離院後往往又因犯罪入獄。

「只要社會大眾不理解他的障礙，只會讓他遭人欺騙利用，衍生新的受害者。」

六麥發現病歷上記錄著當年雪人說的話，回想起他自信滿滿的模樣。

「你覺得自己五年後在做什麼呢？」

「改過自新去結婚，和家人過著一般人的生活！」

7 六麥的決心

六麥和下森教授面對面坐在研究室的沙發上。他前幾天寄電子郵件給下森，想親口回覆關於人事異動的答案。他重新坐正，對下森鞠躬，以堅定的口吻表示：

「不好意思，我現在實在沒辦法離開要鹿乃原少年院，可以再讓我待一陣子嗎？」

下森沉默一會才開口：「嗯……我想你沒有馬上回信，可能就是這麼一回事。但是這次拒絕了，之後可能好一陣子都沒有機會異動了，這樣你能接受嗎？」

「我已經下定決心打算再照顧那群少年一陣子。」

下森緩緩點了數次頭：「我了解了。既然你已經下定決心，就好好照顧那些少年吧！我再問問看有沒有人想去保健管理中心。你取得家人諒解了吧？」

「其實我還沒跟家人說，等一下回家後再告訴他們。」

「你接下來辛苦了。不過之後可不能跟我說說服家人失敗，所以還是要去保健管理中心喔！」

「我不會的。」

六麥離開教室走向電梯時，在走廊遇到大隈。

「六麥醫生，你下一份工作是大學保健管理中心嗎？」

大家都對人事異動的話題興味盎然，六麥異動的流言也馬上傳遍研究室。

「沒有，沒這回事，我會繼續待在現在的少年院。」

「你還真是奇怪，繼續待下去可能再也回不來了。」

大隈的口氣很諷刺，六麥瞥了他一眼便走向電梯。享受久違的舒暢心情後，他邊走邊想著下一個難題：該如何向麻美說自己拒絕了大學保健中心的工作，選擇繼續待在少年院呢？

不會切蛋糕的犯罪少年診療實錄

ドキュメント小説　ケーキの切れない非行少年たちのカルテ

作者　宮口幸治（Koji Miyaguchi）
譯者　陳令嫻
主編　陳子逸
設計　許紘維
校對　金文蕙

發行人　王榮文
出版發行　遠流出版事業股份有限公司
104 臺北市中山北路一段 11 號 13 樓
電話／(02) 2571-0297
傳真／(02) 2571-0197
劃撥／0189456-1
著作權顧問　蕭雄淋律師

初版一刷　2023 年 7 月 1 日
定價　新臺幣 400 元
ISBN　978-626-361-099-6

遠流博識網
www.ylib.com
Email: ylib@ylib.com

國家圖書館出版品預行編目（CIP）資料

不會切蛋糕的犯罪少年診療實錄
宮口幸治 作；陳令嫻 譯
初版；臺北市；遠流出版事業股份有限公司；2023.07
308 面；14.8 × 21 公分
譯自：ドキュメント小説　ケーキの切れない非行少年たちのカルテ
ISBN：978-626-361-099-6（平裝）

1. 矯正教育　2. 青少年犯罪　3. 青少年問題

548.7114　112005432